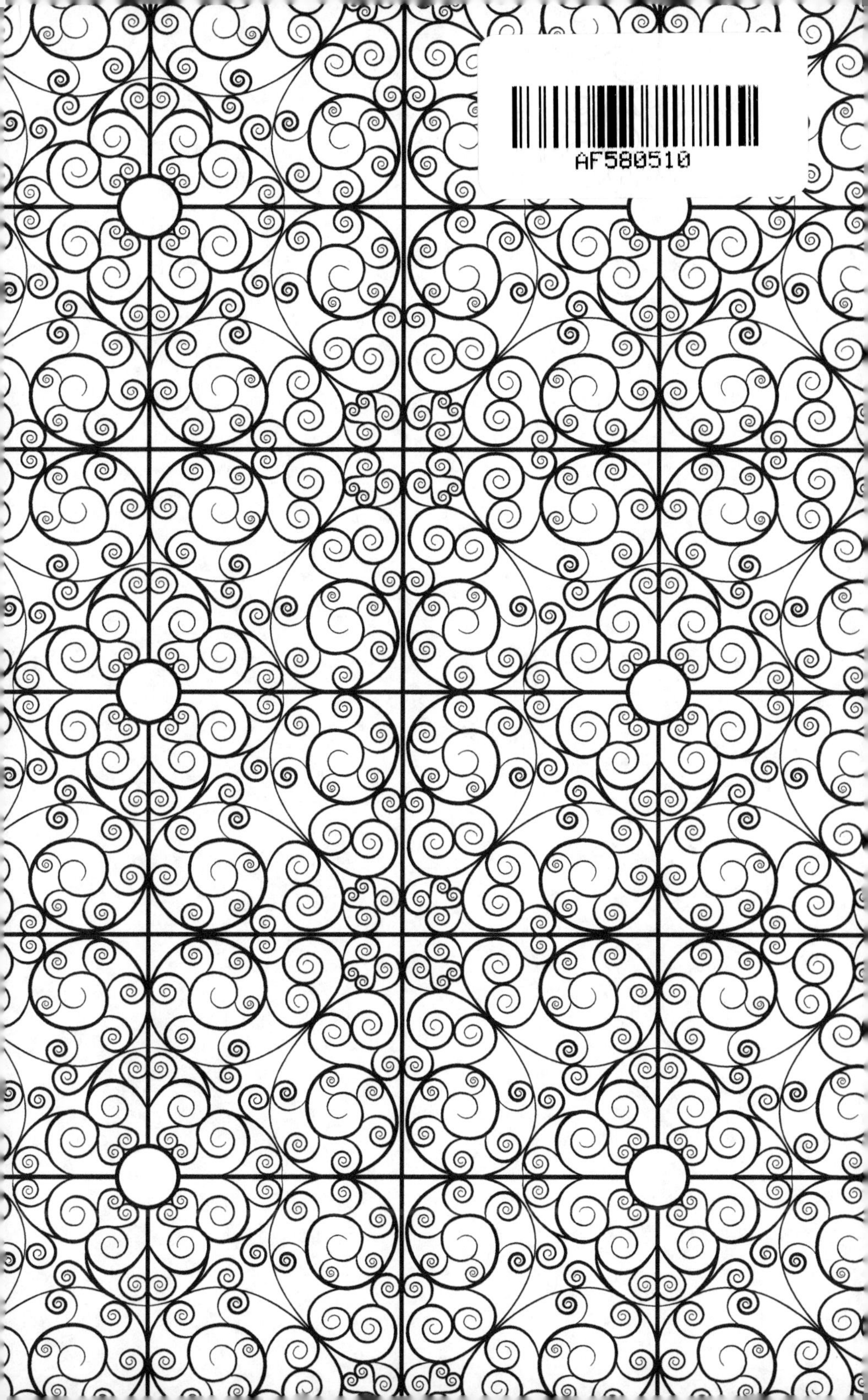
AF580510

BREVE INTRODUCCIÓN
A LA CULTURA DOMINICANA

letra**gráfica**

Serie libros para todos

José Luis Sáez, s.j.
Breve introducción a la cultura dominicana

Calle Marginal Primera No. 12, Mirador Norte
(809) 482 4700 / (809) 399 3496
email: libroslетragrafica@gmail.com
Redes sociales / @letragrafica

Santo Domingo
2021

José Luis Sáez, s.j.

Breve introducción a la cultura dominicana

letragráfica

MUSEO
de la Cofradia del
Santo

Desde la colonia hasta el surgimiento de la nacionalidad (1495-1844)

El establecimiento de los primeros asentamientos humanos, llevados a cabo por los colonizadores españoles en la isla de Haití, representa también el inicio del proceso de *transculturación* en estas tierras. Los colonizadores españoles –sureños, en su gran mayoría– entran en contacto con los aborígenes taínos a partir de 1494, cuando el Almirante dispone la construcción de La Isabela, y despacha una expedición hacia el Cibao en busca de las ansiadas minas de oro.

El militar, el religioso y el simple aventurero –en muchos casos, ex convicto–, a pesar de constituir minoría, se convierten en la clase dominante de una nueva estructura social que suplantará a la que existía entre los indígenas de Haití.[1] La *cultura de conquista* que surgirá del contacto de los dos grupos sociales no se comprendería si no estudiásemos antes sus componentes, es decir, el elemento taíno y el elemento europeo, sobre todo, el hispánico.

«Esta es la tierra, viejo Mon,
tu tierra,
la que con la mirada pisotearon
los hombres de otro idioma,
los que siempre a enterrar
carne humana te enseñaron.
Mas no sé si tus ojos,
ya tan viejos,
aunque los llena el cielo,
están vacíos
como cuando están llenos
los espejos».

Manuel del Cabral,
Compadre Mon.

La sociedad y la cultura taína

Desgraciadamente, lo poco que sabemos acerca de las creencias, historia y costumbres de los primitivos habitantes de Haití, nos ha llegado a través de los escritos de los mismos conquistadores o de los primeros misioneros. Aunque la organización social de los habitantes de la Isla deja entrever una cultura en proceso de desarrollo, no disponemos más que de monumentos (escultura, bajo relieve, cerámica, instrumentos del hogar y de defensa, etc.), faltando los documentos escritos que nos permitirían reconstruir con mayor fidelidad la sociedad indígena que encontraron los conquistadores a su llegada a la Isla.

A través de los relatos de los conquistadores, así como de los escritos de Fr. Ramón Pané y el P. Jean-Baptiste Le Pers, s.j., sabemos que los taínos habían dividido el territorio de la isla en cinco cacicazgos o reinos (Marién, Jaragua, Maguana, Maguá e Higüey), cada uno de los cuales tenía cacicazgos o «provincias» subordinadas, llegando a contar algunos hasta cincuenta y uno. Cada cacicazgo estaba gobernado por un cacique o rey, cuyo poder era hereditario por la línea materna, y vitalicio.[2] El cacique estaba asistido en el gobierno por un senado compuesto por jefes de clanes, que constituían la nobleza del reino y se denominaban *nitaínos*. Las funciones religiosas y de sanidad, las ejercía el *behique* o *buitio*, que dependía del cacique. Por último, los *naborías* constituían el pueblo, que se dedicaba al trabajo productivo, y que probablemente, en algunos casos, estuvo compuesto por los igneris, conquistados en guerra por los taínos.

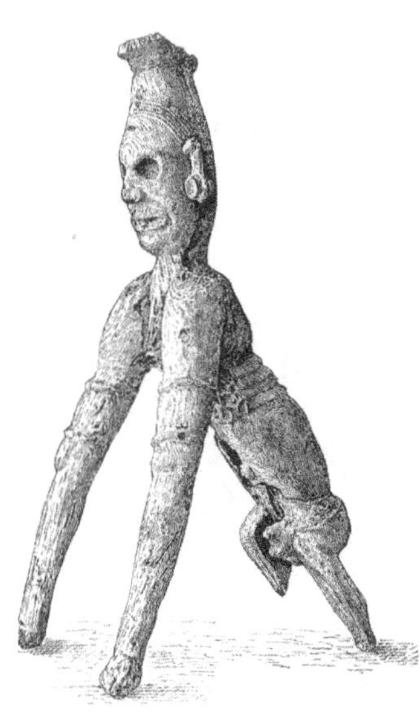

Talla en madera de cemí taíno, Museo del Hombre Dominicano.

Saben asimismo de qué parte vinieron, y de dónde tuvieron origen el sol y la luna, y cómo se hizo el mar y adónde van los muertos. Y creen que los muertos se les aparecen por los caminos cuando alguno va solo; porque, cuando van muchos juntos, no se les aparecen. Todo esto han hecho creer sus antepasados; porque ellos no saben leer, ni contar sino hasta diez.

Fray Ramón Pane, *Relación acerca de las antigüedades de los indios.*

Aunque se ha querido ver en la organización social taína un ejemplo de socialismo primitivo, hay que destacar que su organización política era una monarquía, y que, aunque parece que no existía la propiedad privada de los bienes de producción, sin embargo había una cierta división de clases e incluso una casta cerrada que, probablemente, impediría la movilidad social. Algunos autores piensan, sin embargo, que el régimen político que conocieron los conquistadores había evolucionado, y que probablemente existieron asambleas populares antes de centralizarse el poder en un déspota o establecerse un matriarcado.

Sus concepciones religiosas, según el testimonio de Fr. Ramón Pané, guardaban cierta relación con sus creencias políticas. Los taínos creían en la existencia de un ser supremo, inmortal, invisible e inasequible, llamado Yocahu Vahua Maorocotí, que no tenía principio, pero sí tenía madre: Atabex, Yermaoguacar, Apito o Zuimaco.[3] Al ser supremo se subordinaban otras divinidades inferiores o dioses lares –los cernís o cemíes– entre los que destacaba Luoquo o «gran cacique del cielo» que se encargaba de hacer justicia a los muertos.[4] Aunque su concepto del futuro no está suficientemente claro en los escritos de los misioneros o cronistas, se dice que creían en la existencia de un «purgatorio» e incluso de un «paraíso», que cada cual localizaba en su provincia o en algún lugar idílico de la isla.

Los taínos atribuían al agua cualidades especiales de purificación del alma, lo que nos hace aventurar la existencia de un cierto sacramentalismo taíno. El mismo P. Las Casas habla del extremado sentido del aseo de los taínos, que se mezclaba con la creencia de que el agua podía limpiar al hombre de sus pecados. De ahí que los taínos construyeran plazas ceremoniales cercanas a los ríos, como sucede con las San Juan de la Maguana, Chacuey y Yuboa, colocando una calzada de piedra o adoquines que conducía de la plaza al río, probablemente para que los buitios celebrasen allí su rito en homenaje al dios de las aguas.

Aborígenes recogiendo oro. Dibujo de Gonzalo Fernández de Oviedo.

Como no disponían de escritura, los hechos destacados de su historia eran cantados por la comunidad en

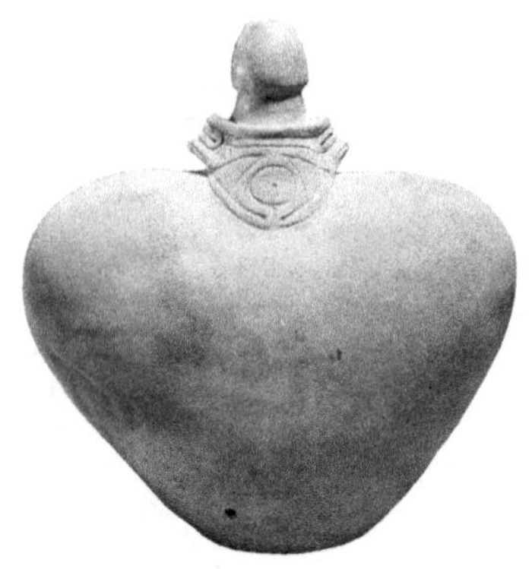

Vasija taína

los *areytos*, donde los danzantes, obedeciendo a un guía, repetían las estrofas que transmitirían a la posteridad las hazañas guerreras o el casamiento de un cacique. Asimismo, disponían de un juego denominado batey, que era precedido de ciertos ceremoniales penitenciales ante los cemíes.

Los restos de cerámica y escultura taínas revelan que los primitivos habitantes de Haití habían logrado cierto grado de perfección en el arte de la alfarería tanto en barro como en porcelana. Los vasos-efigies nos permiten incluso detectar ciertas enfermedades y prácticas médicas de los taínos.[5]

La España que conquistó la Isla

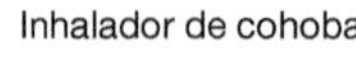

Inhalador de cohoba

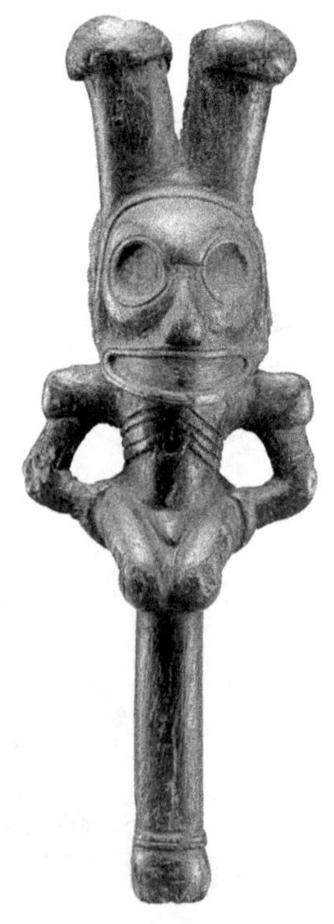

Para comprender el fenómeno de la transculturación que tendría como escenario la isla de Haití, es preciso analizar primero las características nacionales y regionales, e incluso el contexto histórico-social de la España del siglo XV, aunque para nadie es un secreto que el avance del capitalismo en Europa hizo que los comerciantes del mediterráneo presionaran, e incluso negociaran con el trono de Castilla el descubrimiento de un nuevo camino a las islas del oriente asiático.[6]

Cuando se reúne el primer grupo, de unas cien personas, para el viaje inaugural de 1492, los marinos proceden en su mayoría del sur de la Península Ibérica, excepto unos treinta cantábricos y el mismo Colón. Unos cuatro tripulantes eran ciertamente ex-convictos. Sin embargo, a la hora de la segunda expedición, los pequeño-burgueses del sur de España son desplazados por miembros de la nobleza y del clero. Es el verdadero primer viaje de conquista, y la tripulación total de los diecisiete barcos sumaba mil quinientos hombres entre los que predominaba la nobleza castellana, que había conspirado contra el Almirante desde que regresó en medio de triunfos de su primer viaje descubridor.

Para la España de la época, se consideraban extranjeros todos los que no pertenecieran a Castilla, León o el sur, particularmente Sevilla, Cádiz o Jerez. El mismo Fernando V, ante la negativa del «visado» a las Indias a los «extranjeros», aclaró quiénes estaban excluidos de la categoría de «naturales de estas tierras»: los aragoneses, catalanes, valencianos y mallorquines.[7] Y la razón de esa exclusión no era precisamente para proteger la empresa de las Indias del contacto con quienes habían pertenecido al mahometismo o eran cristianos nuevos. Como dice el historiador Rodolfo Puiggros,

Aragón carecía de libertad de acción y de autoridad política para propiciar por su cuenta el proyecto de Colón, no obstante ser un imperio comercial y marítimo. La parte de España en cuyas entrañas más se agitaban los embriones de la revolución burguesa estaba sometida jurídica y políticamente a la parte de España que era el principal baluarte del señorío feudal.[8]

Tendrían que pasar más de noventa años para que Felipe II alterase las condiciones para obtener el salvoconducto a las Indias. En esa ocasión (1596), el Rey concede el privilegio de viajar y establecerse en los territorios descubiertos a los oriundos de Castilla, León, Aragón, Valencia, Cataluña y las islas Baleares.

Sin embargo, durante los primeros veintinueve años siguientes a la llegada del Segundo Almirante Don Diego Colón, el 85.12 por ciento de los españoles llegados a las colonias provenían de Castilla, León, Extremadura, Albacete y Andalucía; el 5.5 por ciento de Galicia, Asturias, Santander y el país Vasco; el 2.1 por ciento de Navarra, Logroño y Aragón, y únicamente el 1.1 por ciento de Cataluña y Valencia.[9] Natu-

Gonzalo Fernández de Oviedo describe la forma en que los indios consumían el tabaco: «Esta hierba que digo... toman de aquesta manera: los caciques y los hombres principales tenían unos palillos huecos del tamaño de un xeme o menos de la grosera del dedo menor de la mano, y de estos cañutos tenían dos cañones respondientes a uno, y todo en una pieza. Y los dos ponían en las ventanas de las narices y el otro en el humo y hierba, que estaba ardiendo o quemándose; y estaban muy lisos y bien labrados, y quemaban las hojas de aquella hierba arrebujadas o envueltas de la manera que los pajes cortesanos suelen hechar sus humadas; y tomaban el aliento y humo para sí y dos o tres veces más, quanto lo podían porfiar, hasta que se quedaban sin sentido grande espacio, tendidos en la tierra, beodos o adormecidos de un grave y pesado sueño».

Piedra taína de tres puntas
Museo del Hombre Dominicano.

Suicidios de los aborígenes de La Española debido al maltrado de los conquistadores. Dibujo de Benzoni.

ralmente, la prohibición se extendía también a los judíos, moros y conversos de cualquier procedencia.

Hay que destacar que los primeros colonos que se establecieron en La Española durante los primeros ocho años, eran procedentes de Andalucía –lo que explica en parte las peculiaridades del español que después se hablaría en Santo Domingo–, quienes habían cambiado su habitual actividad de agricultores por el pastoreo de ovejas a partir del siglo XIII.[10] A esto hay que añadir que los primeros colonos proceden de una España que había vivido durante ocho siglos un proceso de transculturación, que puede ser catalogado de mestizo, tanto étnica como culturalmente. La dominación árabe, que duró desde el año 711 hasta mediados de 1492, además de la presencia judía en la Península, hizo del castellano un mestizo que, a la hora de pisar tierra de La Española, tenía «la vocación, la estirpe y la herencia social del mestizaje».[11]

La economía de la colonia de Santo Domingo, amenazada por la despoblación, obligó a importar agricultores procedentes de las Islas Canarias, que también sufrían de estrecheces económicas y la amenaza del corso. Además de los canarios que vinieron en el siglo XVI, junto a los portugueses, como «maestros de azúcar», entre 1684 y 1760, se incorporaron a la población de la isla un total aproximado de 2,215 canarios, que se ocuparían de la agricultura, y en especial del cultivo del tabaco en la región fronteriza, y más tarde en el sur.[12]

Las particularidades lingüísticas de los grupos de inmigrantes peninsulares, conformaron el español de Santo Domingo, y al mismo tiempo aportaron formas nuevas de hacer frente a la vida que, en contacto con la cultura indígena, darían como resultado una cultura mestiza que, poco a poco, pasaría de ser «cultura de conquista» a ser «cultura colonial».

El primer paso en el proceso de aculturación provocó cambios violentos en la sociedad primitiva de Haití. Los nuevos asentamientos llevados a cabo por los españoles, el sometimiento a nuevas formas de convivencia social y un régimen nuevo de trabajo, los cambios de horario y hasta de régimen alimenticio, alteró el sistema ecológico, biológico y social de los aborígenes. A tal punto llegó la *deculturación*, que a los obreros que trabajaban en las minas se les prohibió bañarse a diario, justificando esa prohibición con el criterio de los teólogos españoles que aseguraban que esa práctica era dañina para la salvación.[13] Naturalmente, esos cambios bruscos, junto con

Viviendas taínas: arriba, *caney*, de uso general; abajo, *bohío*, usado por caciques. En: Gonzalo Fernández de Oviedo, 1851-55, Vol. I, pl. 1.

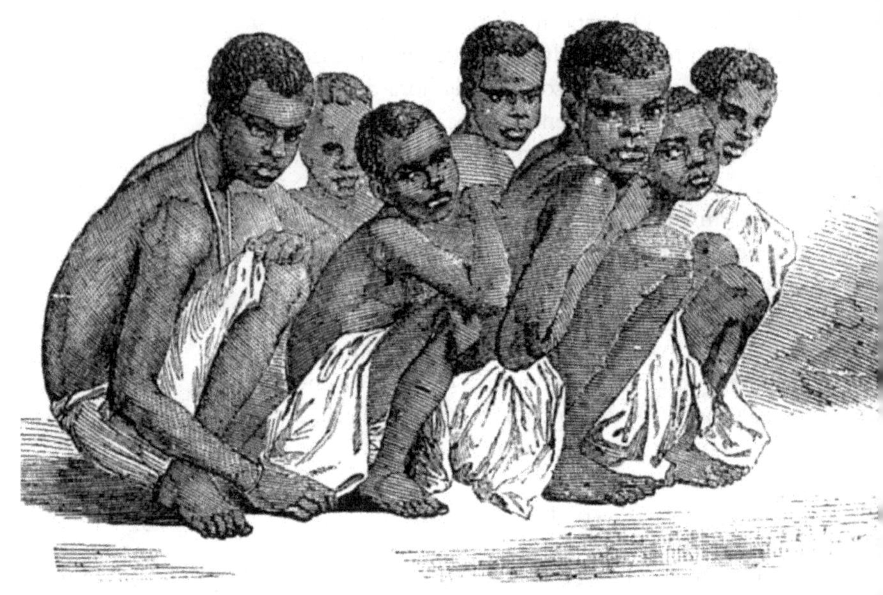

la aparición de enfermedades desconocidas hasta entonces en la isla, fueron la causa principal del rápido descenso de la población indígena en el siglo XVI, que en poco más de trece años se había reducido a un diez por ciento, e hizo necesaria la importación de emigrantes africanos, sobre todo para la industria del azúcar en la segunda década del siglo XVI.

Aunque en una situación de conquista la cultura dominada se repliega como reacción espontánea de autodefensa,[14] sabemos que los taínos de La Española recurrían al suicidio colectivo con el jugo de la yuca amarga, mientras las madres ahogaban sus criaturas o tomaban hierbas abortivas para evitar la reproducción de la raza, aun en el caso de matrimonios de español con indígena.

El proceso de transculturación, naturalmente fue afianzado por el mestizaje étnico, puesto que en los dos primeros viajes, al menos, los españoles no vinieron acompañados de esposas. A diferencia de los colonos de habla inglesa, que se establecerían en la actual Norteamérica a fines del siglo XVI, los conquistadores españoles viajaban solos, y pronto se mezclaron con las aborígenes, como harían años después con las esclavas de África. Como es de suponer, la Corona española siempre objetó esos matrimonios, sobre todo en las honrosas excepciones en que los colonos aceptaron a la esposa indígena como legítima, porque temían ver en éstos posibles brotes de insurrección, o simplemente porque debilitaba el sistema económico esclavista.

El emigrante africano

Aunque las instrucciones que recibió el Gobernador Ovando en 1501, le autorizaban a introducir esclavos negros en las Indias, «con tal que fuesen nacidos en poder cristiano»,[15] sin embargo la importación de esclavos del suroeste de África se intensifica solo a partir de la primera década del siglo XVI, una vez que la siembra y cosecha del azúcar se presentó como una verdadera fuente de ingresos para la corona española.

Esclavo cimarrón

Las recomendaciones del Obispo de La Concepción (16 de julio 1515),[16] así como las sugerencias de los Comisarios Jerónimos durante los años de su gobierno en la colonia, determinaron que la Corona concediera permiso a los nuevos industriales españoles de Santo Domingo para importar negros bozales. Hacia 1520, cuando el negocio del azúcar estaba en su apogeo, habría –aunque los cálculos sean inexactos– unos veinte mil negros en La Española repartidos en los cuarenta ingenios de la isla.

El negocio de venta de esclavos era controlado por funcionarios del gobierno de Madrid en connivencia con el gobernador de Bresa, en Flandes, Lorenzo de Gramenot o Garrebod.

Más adelante, y en vista de lo próspero del negocio, aparecen negreros alemanes en 1527, portugueses en 1601, y holandeses en 1685.[17] Naturalmente, a medida que prosperaba la industria del azúcar, el precio de los esclavos –tanto blancos como negros– experimentó notables alzas. Entre 1518 y 1539, el precio de venta de los negros a los propietarios de ingenios de la isla, ascendió de 40 a 90 castellanos, mientras el precio de costo en Cabo Verde se mantuvo durante el mismo período entre 20 y 30 castellanos.[18]

Como resultado de las emigraciones negras a Santo Domingo, sobre todo durante el florecimiento de la industria del azúcar, la población de la isla sufrió cambios de importancia en su composición étnica, y la raza de color pronto adquirió carta de naturaleza con el nacimiento de grifos, mulatos y alcatraces. Lo inexacto de las cifras de las remesas, la frecuencia de las epidemias que diezmaban la población de la isla, y los esclavos introducidos clandestinamente, no nos permiten saber cuántos negros fueron traídos a la isla durante los casi dos siglos que duró el comercio esclavista. Sin embargo, sabemos que en 1546, se decía que los negros llegaban a

12,000 mientras la población blanca no pasaba de los 5,000. Poco más de un siglo después, la población negra y mulata de la isla era de 3,835, de los cuales 1,106 eran esclavos. La población blanca en 1681 era de 2,517.

Según los historiadores, las castas o denominaciones de los inmigrantes negros que llegaron a La Española durante esos dos siglos de tráfico de esclavos, son las siguientes:

Amboi o Ambo
Anacasuanga
Ashanti
Bamba
Bambara o Bambará
Bañol o Bagnoum
Bar a
Baúles
Biáfara o Biafra
Bijoso o Biocho
Bran
Camba o Chamba
Can
Canga o Kangá
Carabalí
Congo o Kongo
Dan o Ghe
Diola
Ewe
Fula
Gagu
Gelofes o Jolofos
Goande
Guro
Ibidio
Ibo
Kagoro
Kasonke
Kisama
Koko
Kono o Kona
Koranko
Kpelle
Kukurukku
Limba
Loanga
Loko
Lupolo
Makonde
Malemba
Malinke o Mandinga
Mambo
Manga
Mbembe
Mende (Kissi o Gola)
Mono
Mongongo
Ngombe
Pamuest
Pende
Popó
Sambú
Sapo o Zape
Sena
Solimán
Soninke
Tari
Temne
Toma
Vai
Viocho
Wolof (Gelofe)
Yalunka
Yombe
Yoruba
Zaramo[19]

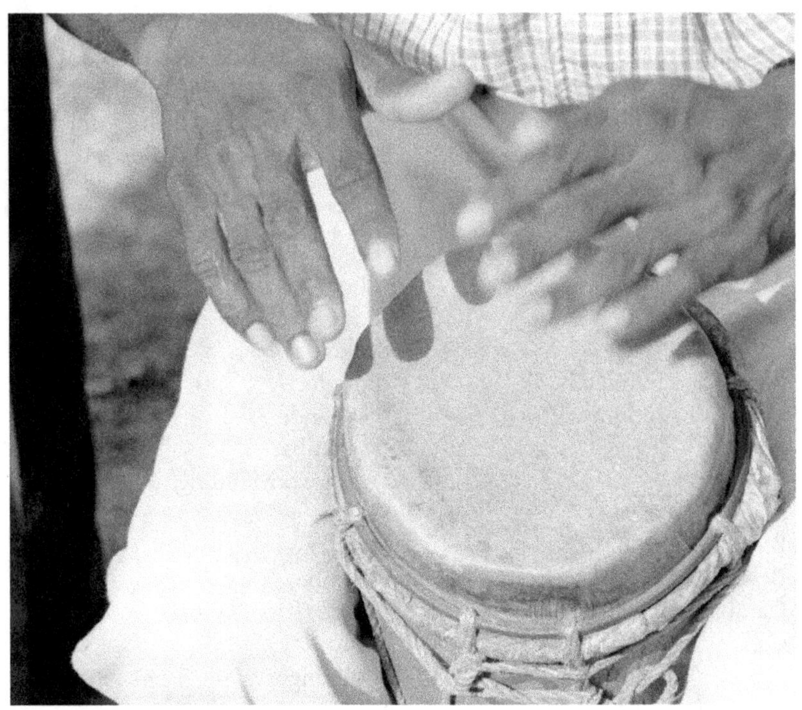

Herencia musical africana

En su mayor parte, los emigrantes negros llegados a Santo Domingo procedían de la costa sudoccidental de África, es decir, de lo que actualmente es territorio de Guinea, Sierra Leona, Alto Volta, Liberia, Costa de Marfil, Ghana, Togo, Bénin, Nigeria, Camerún, Guinea Ecuatorial y Gabón. Sin embargo, también llegaron remesas de esclavos procedentes de lo que actualmente es territorio de Niger y Chad, en el centro de África, así como de Zaire, Angola, Namibia, Botswana, Malawi, Mozambique, Tanzania y Madagascar. Cada una de estas castas o etnias pertenecían a una cultura determinada o a un área cultural, según la opinión de antropólogos e historiadores, aunque la clasificación de las áreas difiere de un autor a otro. Mientras Melville Herskovitz considera tres grandes áreas culturales –área del Sudán occidental, sub-área de Guinea y área del Congo–, Gonzalo Aguirre Beltrán prefiere clasificar los grupos en siete regiones culturales: tribus de los ríos de Guinea, tribus de los ríos de Sierra Leona, tribus de los ríos de Malagueta, tribus de la Costa de Mina, Tribus

Carabalí, tribus del Congo y tribus de Angola.[20] Algunos generalizan aún más, y consideran que las tres grandes culturas traídas a la isla, y en general a América, por los emigrantes africanos, son las culturas *yoruba*, *dahomeyana* y *bantú*. Sin embargo, la cultura dahomeyana y la bantú son las que más influencia tuvieron en Santo Domingo, mientras la yoruba influyó en Cuba y Brasil.

En cuanto a las características de las culturas mencionadas, sabemos que los ewes y los ashantis, y por tanto los Mina, pertenecieron a la cultura dahomeyana, que predominó sobre todo en Haití, y de la que se deriva el vudú. Los angolas y congos pertenecen a la cultura bantú, y su influencia en la formación de la cultura dominicana es digna de estudio. Según el escritor brasileño Braz do Amaral, los angolas eran sumamente adaptables, locuaces y expresivos en sus gestos. Eran imaginativos, indolentes e insolentes, «fértiles en recursos y mañas, sin sinceridad en sus cosas, muy fáciles de conducir por el temor al castigo y aún más por la alegría de una fiesta. Accesibles a la desconfianza, poco cuidadosos de su responsabilidad, entusiasmados con cualquier asunto para tomarlo a chacota poco des-

Carnaval en Moca

pués». Mostraban gran predilección por los adornos y los colores brillantes, y muchos los preferían para los servicios de la casa en vez de las labores de construcción o la industria de la caña.[21]

En cuanto a su cultura, los angolas y congos creían en la existencia de un dios único (Zambi), al que rendían culto junto a los antepasados y a los muertos o «santos», agrupados en naciones o líneas. De un modo semejante, los negros congos y angolas de Santo Domingo se agrupaban en *naciones* para la celebración de sus fiestas, entre las que se destacaba la de la Santa Cruz. Asimismo, formaron hermandades y cofradías, como la del Espíritu Santo y la de San Juan Bautista.

La música dominicana debe a la cultura bantú la introducción de los instrumentos de percusión, así como de un buen número de ritmos, entre los que destacan la canga mulanga, los congos y el Olí-olí-olí, aunque muchos de ellos han permanecido durante siglos en el reducto de pequeñas comunidades rurales.

Naturalmente, el negro importado del África sudoccidental se resistió ante el proceso de aculturación acentuado por la esclavitud. Al ser transplantado a La Española, se encuentra ante una serie de datos culturales, sociales y ecológicos que él interpretará y organizará a partir de su esquema estructural africano. Esa *interpretación*, afirman los antropólogos, contiene el germen de la rebeldía bajo la máscara de aceptación que la situación socio-económica le impone. Pero, en cuanto encuentra el esclavo una oportunidad de expresarse, lo hará en forma de un retorno a su África natal. Así ocurre en el caso de los grupos cimarrones, el suicidio, las revueltas de los ingenios, y la misma expresión religiosa.[22] El negro africano vive dividido entre dos mundos: el mundo africano, que encuentra su centro en las creencias religiosas, y el mundo blanco español, en el que sólo alcanza la categoría de «marginado». En el primer mundo es miembro a plenitud; en el segundo, es incorporado a través de la economía y la aceptación del bautismo.

A fines del siglo XVIII, aún se hacen concesiones para la introducción de esclavos procedentes de África en Santo Domingo, incluso en la parte española. La abolición de la esclavitud en la parte francesa, en 1801, iniciará una nueva etapa en la formación del pueblo y de la cultura dominicana. El siglo XIX abrirá las puertas a dos nuevos inmigrantes negros: uno cruzará la frontera y se establecerá en la parte oriental de la isla durante veintidós años; el otro procederá del sur norteamericano y de las islas inglesas del Caribe. Aunque la influencia de estos grupos se reduzca a algunas regiones del país, su presencia no deja de ser un elemento digno de consideración en la formación de la cultura dominicana.

El francés y el franco-haitiano

Hay algunos historiadores que conceden una importancia fuera de lo común a la firma del Tratado de Basilea (22 de julio de 1795), porque supuso la consolidación, aunque sólo fuera momentánea, de la Revolución Francesa, y el deterioro de la monarquía española y sus colonias americanas, fomentando en ellas el «divorcio definitivo de la Metrópoli» y la ruptura de los nexos socio-culturales.[23]

Hay que tener en cuenta, sin embargo, que la dominación francesa apenas duró ocho años, puesto que el traspaso de poderes no pudo hacerse hasta el 26 de enero de 1801, y ya el 9 de julio de 1809 capitulaban las fuerzas francesas para ceder de nuevo la colonia a la Corona Española. Durante esos ocho años, como consta en los documentos de la época, los nativos de Santo Domingo, en reacción contra lo francés –probablemente, también contra lo franco-haitiano del otro lado de la frontera– insistían en que eran «españoles». Como afirman algunos, «ser español fue para los vecinos de Santo Domingo durante todo el siglo XVIII, no ser francés», porque lo francés era la exaltación de todos los valores contrarios a lo que España había representado en la isla. «Ser dominicano, esto es, habitante de Santo Domingo, quería decir ser español, mantener el carácter hispánico de las costumbres y los usos religiosos, siempre apegados al catolicismo formal más tradicional que pudiera imaginarse».[24]

En realidad, hay que decir que el apego a las tradiciones españolas representó para muchos un reflejo de su instinto de conservación. Apegarse a lo español era defender las instituciones políticas que España había establecido y afianzado en su dominio de tres siglos. Las clases sociales aco-

Casa del sur del país

modadas –de ello es un ejemplo el hacendado de Cotuí, don Juan Sánchez Ramírez– temían a las reformas sociales de la revolución francesa, por muy tímidas que éstas fuesen, como temían a la amenaza negra del otro lado de la frontera, encendida por las ideas de libertad, igualdad y fraternidad. Ese mismo temor haría que la Iglesia siguiera siendo durante mucho tiempo «el único elemento de identidad cultural con la Metrópoli, fuera de la lengua que hablábamos todos, así fuere a tenor dialectal o permeada de arcaísmos según el destino seguido en el orden regional, pero que sólo un puñado de magistrados y curas la escribían, y hasta con cierta lucidez por cierto».[25]

Una vez que es desplazado Toussaint Louverture del gobierno de la parte oriental de la isla, y se establece el aparato burocrático del General Louis Ferrand el 1ro. de enero de 1804, precisamente cuando Haití proclama su independencia, los grupos económicamente poderosos –los hateros del Este y los restos de la clase dominante colonial– apoyan decididamente al gobierno napoleónico, a pesar de su «acendrado hispanismo». Eso demuestra que su oposición a la cesión de la parte oriental de la Isla se fundaba únicamente en la abolición de la esclavitud, que alteraba definitivamente el orden social en la antigua colonia española.[26]

Mientras tanto, los grupos de negros y mulatos de Santiago –zona fronteriza en esa época– que habían apoyado la cesión de la parte oriental de la isla a Francia en 1796, se alían con los comerciantes y propietarios de la zona, y solicitan la protección del gobierno de Haití ante las amenazas de invasión del Oeste por parte del gobernador Ferrand. Este movimiento, que madurará en 1822, demuestra que la gran masa negra y mulata de Santo Domingo se identificaba más con los habitantes del Oeste que con las fuerzas de ocupación o con volver a ser súbditos de España. El movimiento separatista de 1844, dentro de su complejidad como fenómeno político, refleja el arraigo de las ideas de libertad e igualdad aprendidas al calor de la convivencia fronteriza –recuérdense los años difíciles del comercio de ganado–, y de la experiencia de veintidós años de dominación haitiana.

Aunque esos años de dominación haitiana –con sus luces y sus sombras–, constituyeron una experiencia decisiva en el proceso de formación del pueblo dominicano, y sobre todo en su sentimiento nacional, hay quienes afirman que esos veintidós años no llegaron a cuajar «en moldes culturales diferentes de los que con antelación de siglos o de años venía forjando el infortunio en la sociedad dominicana, fuera del golpe que asentó a la *cultura del color* y a los restos difusos de un esclavismo extrávico que aun en 1819 se atrevía a encargar a través del escuálido funcionariado español en Santo Domingo *negros bozales* para incentivar la productividad dominicana».[27]

La masa de la chola hecha a base de almidón de guáyiga ha adquirido forma y suavidad. No se pega a los dedos, tiene suficiente almidón y coco, y por lo tanto puede pasar al fogón, fuego arriba y fuego abajo, como la arepa

El modelo social y cultural francés entra en el Santo Domingo español a través de Haití, más que a través de los escasos siete años de dominación francesa.[28] El paréntesis de trece años de colonialismo español –la «España boba»– no representará una maduración del modelo cultural español de los siglos XVI y XVII, sino una definición de dos culturas y de las clases sociales que las sustentaban. Los terratenientes e industriales de la madera buscarán el apoyo de Francia y la población mestiza –con motivaciones y modelos culturales un tanto diferentes– optarán por copiar el modelo haitiano, pero separados de Haití.

Rasgos culturales de cuatro siglos de dominación

No cabe la menor duda que, de las tres culturas que surgen en la Isla durante los cuatro siglos de dominación extranjera, la ibérica y la africana

–dentro de su carácter plural y complejo– son las que dejan una huella indiscutible en la conformación de la cultura dominicana. Con la extinción de la raza taína en el siglo XVI, se extingue también la cultura primitiva de la isla. Apenas quedaron vestigios de la arquitectura doméstica taína en las construcciones rurales (el bohío y el caney) en algunas regiones del país, predominando después el tipo de vivienda de sabor africano, sobre todo en la zona rural.[29] Las instituciones sociales y otros rasgos culturales han desaparecido casi por completo, quedando un buen número de vocablos y algunos elementos de medicina casera y de cocina. Al cabo de cinco siglos de olvido, el interés por la arqueología y la antropología ha revalorizado, y muchas veces descubierto, valiosos restos del arte taíno, sobre todo pictografías, utensilios domésticos, vasos rituales, muebles, etc.[30]

Muchos autores insisten en calificar de *primitivo* el ingrediente cultural africano del siglo XVI. El hecho de haber sido «erradicado de la zona en donde era autóctono y violentado por medios esclavistas»,[31] no quita que el aporte de la raza negra a la cultura dominicana se minimice ante el aporte de origen hispánico. El mestizaje hizo que se preservara y tomase carta de naturaleza, formando una nueva cultura, que podría denominarse, con toda propiedad *cultura mulata*. De las tribus del suroeste de África heredamos un buen número de nuestras instituciones sociales, de nuestra religiosidad, de nuestra música, de nuestro arte culinario, de nuestra expresividad e incluso de nuestro lenguaje, aunque muchas de esas manifestaciones culturales las compartan también Cuba, Puerto Rico y otros lugares de la América colonizada por España.[32]

Además de la música y sus instrumentos, África nos dejó en herencia instituciones sociales tan complejas como el parentesco ritual –padrinazgo y compadrazgo–,[33] y sobre todo una concepción mágica del cosmos y de la Historia, que ha conformado las instituciones sociales y políticas. Incluso nuestra concepción del tiempo, que choca con la exactitud europea, y anglosajona en particular, obedece a una cosmología de marcada influencia africana. Sin embargo, en estos rasgos –tiempo, espacio, religiosidad, etc.– se confunden muchas veces los elementos culturales genuinamente africanos y los de origen hispano, influidos a su vez por siete siglos de dominación árabe.

En arquitectura, los emigrantes negros enseñaron al español de Santo Domingo, sobre todo en la zona rural, un tipo de construcción que, con ligeras variantes, permanece aún hoy día. Los colores vistosos –más patentes aún en Haití, tanto en la arquitectura como en la decoración de vehículos– en el exterior de las viviendas, así como en el vestuario, denotan el estilo africano, más en consonancia con la naturaleza tropical que la sobriedad estudiada del europeo.

Catedral de Santo Domingo
Bernardo Pichardo, *Reliquias históricas de La Española.*

El mismo gusto por el teatro, la imitación y la improvisación, y hasta el sentido primitivo del humor, son rasgos africanos que arraigaron perfectamente entre nosotros, dando lugar a una poesía popular –la décima– que ya no es bantú ni española, sino dominicana.

El aporte hispánico ha permanecido, sobre todo, en la arquitectura urbana (civil y eclesiástica), en las instituciones educativas y en la literatura. Su permanencia estriba naturalmente en el hecho de haber sido la cultura del colonizador, y en haberse mantenido como la única autorizada durante cuatro siglos.

En el aspecto urbanístico y arquitectónico, los españoles transformaron la sociedad taína en una sociedad urbanizada siguiendo el modelo europeo. El trazado de la ciudad de Santo Domingo, así como el estilo que predominó en las construcciones civiles recuerdan el ambiente de las ciudades andaluzas. Los constructores de la ciudad del Ozama parecen haber querido reproducir, como en un escenario, el ambiente sevillano de paredes blancas, faroles en las fachadas y ventanas enrejadas, mientras el interior de las viviendas constituye un ejemplo de la versión andaluza de la casa romana con su patio y corral y su «martillo».[34]

Mientras tanto, la arquitectura militar y eclesiástica muestran influencias renacentistas en armonía con las formas típicas del *gótico isabelino*, encontrándose asimismo muestras de arquitectura popular andaluza y extremeña. Entre las construcciones religiosas –conventos, hospitales e iglesias– destacan las siguientes:

1. Hospital de San Nicolás de Bari (1503-1552), construido por orden de los Reyes Católicos durante el gobierno de Fray Nicolás de Ovando. Los restos no permiten clasificarlo en un estilo arquitectónico definido, pero su planta –con los cuatro patios interiores típicos– parece renacentista.

2. Monasterio e iglesia de San Francisco (1511-1664), construida por gestión del Adelantado Francisco de Caray, y obra –al menos parcialmente– del Maestro sevillano Rodrigo de Liendo. Puede clasificarse como pre-barroco, aunque la Capilla del Monasterio y la iglesia tienen cuerpo gótico con elementos renacentistas.

3. Catedral Primada de América (1523-1541), erigida por Alessandro Geraldini en 1519, y probablemente obra del mismo Maestro Rodrigo de Liendo. Su construcción muestra estilos distintos, pero podría decirse que corresponde al gótico tardío con elementos platerescos, y en algunas capillas influencia del renacimiento quattrocentista.

4. Iglesia de Nuestra Señora del Rosario (1514-1540), aledaña al Convento y Universidad de los dominicos, también es obra de Rodrigo de Liendo. La iglesia tiene forma de cruz latina, y su estilo es gótico isabelino. La ornamentación de la fachada oeste no parece encuadrar en el estilo del interior, excepto por el rosetón en que remata.

5. Iglesia y Convento de la Merced (1527-1555), obra del arquitecto Rodrigo de Liendo. Consta de una nave y ocho capillas laterales. Los contrafuertes, la bóveda de crucería y el coro alto (sobre la puerta oeste) denotan su estilo gótico. Sin embargo, el conjunto, después de restauraciones y posibles adiciones, es de efecto barroco.

6. Iglesia y Convento de Santa Clara (circa 1536), primer convento de franciscanas fundado en Santo Domingo, que alojó a las religiosas «clarisas» hasta su desaparición en el siglo XIX. El edificio entraría en la categoría de arquitectura popular andaluza o extremeña. En el interior se observan una serie de arcos torales apuntados sobre pilastras que dan cabida a seis capillas o nichos.

7. Iglesia y Universidad de los Jesuitas (1714), hecha según las disposiciones de los edificios jesuíticos de América, entra dentro del estilo denominado «jesuítico americano». Consta de una nave central y capillas laterales transformadas en naves. Planta de cruz latina con cúpula de intersección. Los contrafuertes han desaparecido para dar lugar a las típicas «pilastras jesuíticas» que se destacan en la fachada.

Otras construcciones religiosas de la ciudad capital que merecen destacarse son la iglesia del convento de dominicos, más conocida como iglesia de Regina Angelorum (circa 1722), la iglesia de Nuestra Señora del Carmen (circa 1616), la ermita de Nuestra Señora del Rosario (1496-

La calle Hostos antes de 1904 era denominada del hospital, por las ruinas el Hospital San Nicolás de Bari que aparecen en esta fotografía.

1544) –quizás la primera edificación eclesiástica de piedra, y el único resto de la primitiva ciudad capital–, la iglesia de San Miguel (circa 1680), la iglesia de San Lázaro (1579) y la de San Carlos (1724-1750).

Entre las construcciones militares, destacan el fuerte de Santa Bárbara, cercano a la iglesia del mismo nombre, la torre del Homenaje (1503-1507), uno de los primeros edificios militares de América, la Puerta del Conde (circa 1665), o entrada sur de la ciudad, la Puerta de la Misericordia (circa 1533), y el Fuerte de San Jerónimo (1647). En el interior de la isla, destacan la fortaleza de La Concepción (circa 1498), en la antigua ciudad de La Vega, y el Castillo de San Felipe, en la ciudad de Puerto Plata.

Entre las construcciones civiles destacan, en la capital, la Casa del Cordón o de Caray (1503), el Alcázar de don Diego Colón (1510-1512), residencia del Virrey, el edificio de las Atarazanas (1516-1541), la sede de la Capitanía General (circa 1510), la casa del Obispo Bastidas (circa 1503), el Colegio de Gorjón (1531), el ingenio Santa Ana de Engombe, y otros. En otros puntos del país, se encuentran restos de arquitectura civil, entre los que destacan la casa de Juan Ponce de León, cerca de Higüey, construida en la segunda década del siglo XVI; el ingenio de los hermanos Trejo, cerca del río Chavón (Higüey), y construido en la primera década del siglo XVI; el aljibe de la antigua ciudad de La Concepción, en La Vega, y otras.

Naturalmente, hay que destacar que la labor arquitectónica de España en Santo Domingo, dependió de maestros traídos de la península. Sabemos que el maestro sevillano Rodrigo de Liendo fue uno de los principales, y que trabajó, en muchos casos, con planos de Alonso Rodríguez. Pero, no es menos cierto que el autor anónimo de las viviendas, los templos, los fuertes y los edificios de los ingenios, fue el obrero esclavo traído

Puerta del Conde, alrededor de 1910

de África, como consta en innumerables partidas y en concesiones reales desde la llegada a la colonia del Comendador de Lares.

Los saqueos y el éxodo de los españoles durante la prolongada etapa de empobrecimiento de la colonia en los siglos XVII y XVIIII, no nos permitió conservar muestras de pintura o escultura, aparte de algunos ejemplos de arte religioso traídos de la Metrópoli durante el siglo XVI. Aparte de esas obras –el retablo de Nuestra Señora de la Antigua, el cuadro de La Altagracia, y otras de menor importancia– desconocemos la existencia de otras que nos permitan calibrar el arte colonial dominicano. Asimismo, se desconoce si algunos de los pintores traídos de España para la decoración de las iglesias, formaron escuela en Santo Domingo, o si sus posibles discípulos continuaron su obra.

Las instituciones sociales hispánicas arraigaron en la colonia gracias a la labor de la educación y la evangelización, ambas llevadas a cabo por la Iglesia y, sobre todo, por las órdenes religiosas. La transmisión del idioma, y más tarde la incorporación de los «selectos» a la tradición intelectual española, fueron la tarea desempeñada por los centros de enseñanza de los franciscanos, dominicos, mercedarios y, más adelante, jesuitas.[35] En las aulas de los estudios generales de los dominicos y jesuitas, así como en los conventos de la merced y San Francisco se enseñó la Gramática, la Filosofía y, más adelante, la Moral y el Dogma según la tradición escolástica y siguiendo los métodos y costumbres de Alcalá y Salamanca. De ese modo, la educación se convirtió, sobre todo en la clase social que estaba llamada a

Alcázar de Colón

mantener el sistema socio-político, en uno de los instrumentos más aptos para el mantenimiento de las instituciones coloniales.

Fruto de la educación fue el florecimiento de una literatura que tardó mucho tiempo en desvincularse del modelo metropolitano. Entre los nacidos en la isla, se destacaron durante estos cuatro siglos de dominación extranjera, Sor Leonor de Ovando, Cristóbal de Llerena, Fray Alonso de Espinosa, Luis Jerónimo de Alcocer, Baltasar Fernández de Castro, José Clavijo, Pedro Agustín Morell de Santa Cruz, Antonio Sánchez Valverde, José Francisco Heredia, Francisco Muñoz del Monte y Antonio del Monte y Tejada.[36] Al mismo tiempo, tanto entre los españoles como entre los nativos –e incluso entre la población mulata de los siglos XVII y XVIII– floreció la poesía popular y la sátira social. Merecen destacarse en este género Francisco Morillas, en el siglo XVII, Luis José Peguero, en el siglo XVIII, el maestro Meso Mónica y el P. Juan Vásquez, autor de la popular quintilla «Ayer español nací...» que perpetuó el sentir popular ante la cesión de la parte oriental de la Isla a Francia.[37]

Durante los años de la ocupación francesa y la dominación haitiana –que coinciden también con la aparición de las sociedades secretas y la desaparición de la educación eclesiástica– surgen otros poetas de corte popular, como el «ciego» Fernández, popular decimero, Manuel Rodríguez, Juan de Dios Cruzado y Doña Manuela Rodríguez «La Deana», así como el P. Juan Correa Cruzado, párroco de Santa Bárbara. Esa es también la

Ruina iglesia San Antón

época en que surge el periodismo, aunque su carácter polémico y su definitiva vinculación política, impedirán que surja como profesión independiente hasta bien entrado el siglo XIX.[38]

Ordinariamente, se ha dicho que la Revolución Francesa significó la decadencia de la cultura hispana en la colonia de Santo Domingo, y a veces se quiere generalizar, haciendo ver cómo la pobreza y el éxodo de los habitantes de la parte oriental de la Isla hizo que la cultura se empobreciera cada vez más.

No se puede negar que la expulsión de los jesuitas en 1767, la desaparición de la Universidad de Santo Tomás, a mediados del siglo XIX, y la misma inestabilidad social y económica que vivió la antigua colonia española hasta mediado el siglo XIX, repercutió en los moldes culturales hispánicos de los siglos XV y XVI. Pero, al mismo tiempo, el contacto con la colonia francesa del oeste, la integración de los moldes culturales africanos al modo de vida de los habitantes de la colonia, y el surgimiento de un tipo étnico, fruto del mestizaje, fue madurando una nueva cultura, como hemos visto en las páginas anteriores.

Desde la independencia política a las tiranías (1844-1930)

El movimiento «separatista» que se gesta a partir de 1838 en la parte oriental de la Isla, durante la dominación haitiana refleja la existencia de una pequeña burguesía con cierto poder político, la conciencia –aunque aún tímida– de la nacionalidad, y la rivalidad entre dos fuerzas que pugnan por el poder.

Desde que Haití se estableció en toda la Isla en 1822, y al amparo de su política, cobró importancia en la parte del Este una clase media compuesta de comerciantes, profesionales, dueños de cortes de madera y propietarios de inmuebles en la banda sur, mientras los cosecheros de tabaco en el Cibao estaban conscientes de su papel como motores de la economía de la antigua colonia española. Por eso, ambos grupos sociales apoyarán la iniciativa de sus hijos, nacidos en los días de la «España boba» o en los primeros días de la ocupación haitiana, convencidos de poder tomar la dirección política del país.[1] Esta clase social, que podríamos identificar como *liberal*, por su composición étnica y su modelo cultural cree haber podido madurar la conciencia de la nacionalidad, independientemente del hispanismo exótico del siglo XVIII, y poder crear un orden social y político nuevo.

Juan Pablo Duarte
Única fotografía conocida del Patricio.

Sin embargo, como apuntan algunos historiadores, el movimiento separatista de 1844, «se produjo con el auxilio invaluable de Francia,

George Durín Phipps (Lincoln) descendiente de cocolos.
Trompetista de la Iglesia San Pedro, en Samaná.

guía y madrina entonces de los hateros y sus representantes».[2] La existencia de dos grupos políticos dispares en sus motivaciones, aunque aliados en la «separación», trajo como consecuencia el fracaso de la primera república y la vuelta al colonialismo diecisiete años después. En el plano ideológico, la lucha se entabla entre la concepción romántica del Estado –que Duarte había querido traducir de su experiencia de Cataluña–, y el militarismo franco-haitiano que ha dominado la antigua colonia española y ha desplazado el «trasfondo civilista de la organización colonial hispánica».[3]

El experimento malogrado de la Primera República, seguido del desastre de la anexión a España en 1861, demuestran sobre todo, que no existe una verdadera clase dominante en Santo Domingo capaz de consolidar la independencia. Existen grandes propietarios con autoridad tradicional entre el campesinado, y una clase media crecida al amparo de la relativa prosperidad de los años de dominación haitiana; pero ambas tienen ambición suficiente para luchar por el poder, pero suficiente incapacidad como para hacerlo sin contar con la otra.

La vuelta al colonialismo español demostró a los «españoles» de la Isla, que el modelo cultural y político hispánico resultaba algo cada vez más ajeno. Como afirma el profesor Ciriaco Landolfi, «si lo medularmente hispánico era ya una rareza en el Santo Domingo de 1809, dos tercios de siglo después fue un cuerpo extraño e irritante en la sociedad dominicana el muestrario peninsular que desembarcó la anexión».[4] La presencia anacrónica de España en Santo Domingo en 1861, tuvo que chocar con una cultura mestiza cada vez más sólida, y acentuar definitivamente el sentimiento de la nacionalidad, que produjo un movimiento popular como la

Guerra de Restauración, respaldado además por un nuevo orden socio-económico: la industria del tabaco en el Cibao.

A la hora de la desocupación de las tropas españolas, una vez concluida la Guerra de Restauración y establecido un gobierno único, aumenta gradualmente el predominio económico y político de la zona norte. Sin embargo, esta preponderancia «no excluyó la rivalidad sureña, como tampoco las pugnas caudillistas polarizadas no a través del enfrentamiento de dos caudillos de igual ideología, sino a través de tendencias, grupos, líderes y caciques opuestos ideológicamente».[6] Es la época de la aparición de los partidos políticos caudillistas, aunque la clase social que se perfila como dominante aspire a consolidar un sistema democrático semejante al norteamericano.

Pronto se impondrá el partido mayoritario –el Rojo–, con el que simpatiza el campesinado, deseoso de oportunidades de movilidad social o de cargos militares. Aunque el partido, y su líder Buenaventura Báez, sean conservadores, anexionistas y dispuestos a conseguir el poder a cualquier precio, su carácter populista y su *estilo criollo*, hicieron que arraigase más que el Partido Azul, compuesto en su mayoría de jóvenes liberales, intelectuales, y con una clara postura nacionalista.

Dos largas tiranías –la de Buenaventura Báez y la de Ulises Heureaux (Lilís)– dominarán prácticamente los treinta y tres años que transcurren desde la salida de las tropas españolas a la muerte de Lilís. Aunque se hablaba de la «modernización» de la República Dominicana durante la tiranía de Lilís, la inestabilidad política que dominó a los gobiernos del siglo XIX y comienzos del XX, influyó de tal manera en la economía del país, que prácticamente se vivió un retraso social con respecto a los demás países de la América Latina.

Tulio M. Cestero, *La sangre*. Santo Domingo, Letragráfica, 2011.

Caricatura de Tulio M. Cestero

Alumnos del Colegio San Luis Gonzaga. Archivo del historiador García, AGN, 12 (6) F474.

La intervención militar norteamericana de 1916, trata de emparejar la marcha económica de la República Dominicana al resto de los países de Latinoamérica, aunque se comprometa cada vez más su dependencia de los Estados Unidos. La guerra en Europa y la seguridad de la zona de influencia norteamericana, hace necesario que los países del Caribe, Centro y Sur América dispongan de un régimen que dé suficientes garantías de estabilidad al comercio y la inversión norteamericana.

Eugenio María de Hostos

Una vez concluida la intervención militar estadounidense en la República Dominicana (1916-1924), el gobierno del general Horacio Vásquez, con suficiente apoyo popular como para garantizar su permanencia, parecía ser el más a propósito para el crecimiento económico y la inversión extranjera. Sin embargo, el caudillismo no había desaparecido con la intervención militar estadounidense –era ilusorio que acabara una institución de arraigo secular–, y el golpismo hace su aparición de nuevo para instalarse en el poder. Los Estados Unidos aceptan el modelo criollo, y apoyan decididamente a Rafael Leonidas Trujillo Molina, como el más apto, en ese momento, para asegurar su permanencia en Santo Domingo. Se inicia así la más larga de las tiranías de la época republicana en Santo Domingo, que marcaría también la cultura y el modo de ser de todo un pueblo.

Francisco Henríquez y Carvajal

Sociedad y cultura en los siglos XIX y XX

La cultura dominicana del siglo XIX y las primeras décadas del XX está marcada irremediablemente por los acontecimientos políticos. En una sociedad que vive amenazada por las invasiones del vecino del Oeste, intervenida militarmente por una potencia colonial, dividida por continuas guerras civiles, no es posible que surja o madure una cultura distinta de lo que podríamos llamar *cultura de subsistencia.*

La anarquía y los cambios violentos entorpecen y limitan naturalmente las actividades artísticas, literarias, y hasta la educación misma. Si a esto se añade la penuria económica y hasta la escasez de población, no es extraño que el intelectual sea una figura rara, anacrónica e incluso extranjerizante durante buena parte del siglo XIX. Paralelamente a ese fenómeno del intelectual –hispanizante o afrancesado–, sigue afianzándose una cultura popular mestiza que guardará el germen de la verdadera nacionalidad.

Arturo B. Pellerano Castro

Las clases llamadas a gobernar –los «dominicanos de primera», como los ha llamado el Profesor Bosch–, oscilan entre el hispanismo y la francomanía. Para las familias acomodadas del siglo XIX, y más aún durante las primeras décadas del XX, no era difícil salir al extranjero a estudiar, y para ello no dudaban en elegir Francia. El país no contaría por mucho tiempo con instituciones superiores de enseñanza, y las dos grandes culturas coloniales –Francia y España– eran aún respetadas por las clases «cultas» de Santo Domingo.

Además de las innovaciones en el campo de la educación introducidas por el pensador puertorriqueño Eugenio María de Hostos, a partir del siglo XIX, hay que destacar en este período el cultivo de géneros literarios hasta entonces desconocidos, y el surgimiento de figuras destacadas en la cultura afro-hispánica.

Sin embargo, hay que reconocer que, mientras lo popular amplía cada vez más su vigencia y su arraigo mestizo, lo que podríamos llamar «culto», introduce «corrientes renovadoras que no logran formas definidas a corto alcance».[7] En esa época aparecen y desaparecen el romanticismo, el liberalismo, el racionalismo positivista y otras corrientes filosóficas, generalmente pasadas de moda en Europa, y de difícil adaptación al trópico.[8]

Federico Henríquez y Carvajal. *El Gráfico*, Año I, núm. 3, 1 de septiembre de 1928.

El único movimiento intelectual que cosecha frutos inmediatos entre la clase intelectual y la pequeña burguesía es el movimiento renovador de la enseñanza, promovido por el maestro Hostos. Sin embargo, la Iglesia y los sectores hispanizantes, serán los que obstaculicen la labor del educador puertorriqueño, lo que demostrará que aún está arraigado el sentimiento hispanista entre los habitantes del Santo Domingo de finales del siglo XIX. Para muchos tradicionalistas, el normalismo de Hostos no era otra cosa que una «escuela sin Dios», que se enfrentaba al clericalismo y la escolástica, «un sistema de enseñanza tradicional con arraigados vestigios colonialistas».[9]

Según Hostos, la escuela tradicional dominicana, heredada de España y mal arraigada en Santo Domingo, era dogmática, verbalista y rutinaria. La educación era un instrumento para sobresalir en la sociedad, dado que no hubiese otros mecanismos de movilidad social, o para obtener puestos en la burocracia gubernamental. La reforma educativa de Hostos perseguía, ante todo, salvar la brecha que existía –él lo había constatado en sus viajes por Chile, Perú, Colombia y Venezuela– entre la educación y la problemática social. Adelantándose a su tiempo, Hostos no sólo enseñó a pensar en categorías científicas sino realistas.

José Joaquín Pérez

Sin embargo, el fruto de la escuela hostosiana en Santo Domingo pronto se desvaneció, y sus mismos discípulos –abocados a la política personalista– divorciaron su actuación de las doctrinas del maestro.[10] El mismo intento de Hostos de desterrar la literatura de la escuela para sustituirla por la ciencia, se encontró con un serio obstáculo: el carácter de todo un pueblo, que como él mismo decía, pierde en razón lo que gana en fantasía, y disipa en sustancia lo que invierte en forma, acostumbrado a esa educación poética y literaria que, según el maestro Hostos recibían los pueblos de origen hispano.[11]

La reforma educativa de Hostos, que contó con colaboradores tan destacados como Francisco Henríquez y Carvajal, José Dubeau, Emilio Prud Homme y José Pantaleón Castillo, y fue secundada por la iniciativa de Salomé Ureña, Eugenio Deschamps y el mismo Arzobispo Merino, –muchos la habían denominado «la educación del cambio»– encontró al fin la oposición de la tiranía de Lilís, que patrocinó una «contrareforma educativa»,[12] y eliminó las escuelas normales para crear los colegios centrales de Santo Domingo y Santiago.

César Nicolás Penson

A pesar de haber predicado Hostos el rechazo de la literatura, su labor educativa coincide con la aparición de una narrativa cada vez más extensa, aunque aún esté demasiado vinculada a los moldes colonialistas españoles. A pesar de surgir la conciencia de lo local, del costumbris-

Olivorio Mateo

Junto al Apóstol Samuel. Periódico *Oiga* no. 241, 5 de julio de 1909, p. 13. Olivorio muerto. Revista *Bahoruco* No. 175, 30 de diciembre de 1933, pág. 5.

mo, los literatos de la clase dominante, demasiado cargados de un romanticismo caduco, optan por una novelística y una narrativa, nacional en el tema, pero extranjerizante aún en la forma. La misma poesía prefiere amoldarse a las formas del romanticismo, con un exagerado sentido del purismo idiomático.

Destacan en la literatura culta de este período, además de Juan Pablo Duarte (1813-1876), Manuel María Valencia (1810-1870), Javier Ángulo Guridi (1816-1884), José Joaquín Pérez (1845-1900), Salomé Ureña (1850-1897), Manuel Rodríguez Objío (1838-1871), Bartolomé Olegario Pérez (1873-1900), Rafael A. Deligne (1863-1902), Manuel de J. Peña Reynoso (1834-1915), César Nicolás Penson (1855-1901), Emiliano Tejera (1841-1923), Miguel A. Garrido (1867-1908), Federico Henríquez y Carvajal (1848-1951), Manuel de J. Galván (1834-1910), José Gabriel García (1834-1910), Apolinar Tejera (1855-1922), Fernando A. de Meriño (1833-1906), Emilio Prud Homme (1856-1932), Arturo Pellerano Castro (1865-1916), Fabio Fiallo (1866-1942) y otros.

Las novedades del siglo XIX: el periodismo y algunas artes

Surge en esta época, sobre todo a raíz de la instalación de la Segunda República, el intelectual-político, el intelectual-periodista, o simplemente el político-intelectual y periodista. En realidad, las fronteras no estaban bien definidas, e incluso los ensayistas y escritores del siglo XIX se dan a conocer en la prensa de la época, que vivía en la misma inseguridad que la sociedad misma. Como dice el ensayista Carlos E. Deive, «si juzgamos por el volumen de la obra realizada, debemos convenir que el periodismo fue, durante este siglo, la actividad más prolífera y la que jugó un papel primordial en la arena de las ideas sociales y políticas de ese entonces». A pesar de lo efímero de algunos ensayos periodísticos del siglo XIX, sin embargo –continúa el autor– «fue el periodismo dominicano un periodismo de combate, y sus plumas más destacadas, rudas y cáusticas en el ataque y la defensa, propiciaron una tradición ajena a toda gazmoñería que la prensa de hoy felizmente continúa».[13]

Se distinguieron en el periodismo –es decir, usaron la imprenta para hacer política– Manuel de J. Peña y Reynoso (1834-1915), que supo utilizar la prensa como vehículo más apto para su única vocación: el magisterio; César Nicolás Penson (1855-1901), fundador del primer diario dominicano («El Telegrama», 1882); Rafael Abreu Licairac (1850-1915),

Abelardo Rodríguez Urdaneta modelando un busto

Juan Antonio Alix

Fotografía aparecida en: Rafael C. Senior, *Albúm General de la provincia de Santiago de los Caballeros,* 1933 (?)

• • •

«Juan Antonio Alix, octogenario, escribía diariamente una nueva décima que publicaba en hojas sueltas. Temprano, cada mañana iba al mercado donde se apretujaba la gente en torno suyo, para comprarle de estas hojas, y pedirle de otras. De su producción, se han publicado en volúmenes, *«Viaje de Gerardo Etanislao por los pueblos de la República, en el Término de tres Meses»*, (Imprenta Cuna de América, 1885); *«El Ferrocarril de Samaná a Santiago»*, Imprenta Augusto Espaillat, (1894); *«Apuntes para la Historia de San Francisco de Macorís»*, Imprenta Ulises Franco Bidó (1894); *«Décimas»*, (215 páginas, en 1927, por la Imprenta de la Viuda García, Santo Domingo; y en dos Tomos, por la Librería Dominicana, en 1930). Falleció el 15 de febrero de 1918».

Pedro R. Batista C., *Santiago a principios de Siglo. 1900 a 1910 y poco más.* Santo Domingo, Editora Panamericana, 1976, p. 129.

Miguel Ángel Garrido (1867-1908), director de las revistas de más prestigio de su época («Revista Ilustrada» y «Cuna de América»); Federico Henríquez y Carvajal (1848-1951), Manuel de Jesús Calvan, (1834-1910), fundador de «El Oasis», uno de los primeros semanarios dominicanos; Eugenio Deschamps (1861-1919), fundador de «La República» y, más tarde, de «Las Brisas»; Manuel de J. Troncoso de la Concha (1878-1955), director del «Listín Diario», y otros. Como es obvio, la prensa del siglo XIX, y buena parte del siglo XX, era una actividad y una empresa elitista, y en sus páginas únicamente tenían cabida las firmas de los intelectuales y las figuras de renombre social de la época.

Aunque la prensa en la República Dominicana y antes en el Santo Domingo español es un fenómeno tardío del siglo XIX, cuando se inicia el siglo XX experimenta un ritmo de crecimiento inusitado. Además de la *Gaceta Oficial* (1851), que cambiaría de nombre cuatro veces, seguían editándose en la capital el *Listín Diario* (1889-1942), *El Eco de la Opinión* (1879), *El Nuevo Régimen* (1899), y tres o cuatro más de índole estrictamente informativa. Aunque parezca una exageración, durante los primeros diez años del siglo aparecieron 242 periódicos, pero de ninguna manera diarios, aun en poblaciones como Azua, San Francisco de Macorís, Montecristi o El Seibo, y aunque más del 80.5% no rebasaran los seis o siete números.[14]

Entre las novedades de esa primera década, que por lo menos sobrepasaron la cifra anterior, figuran: *El Eco del Norte* (Puerto Plata, 1900-1923), *El Diario* (Santiago, 1902-1933), *La República* (San Pedro de Macorís, 1902-1905), *Oiga* (Santo Domingo, 1903-1910), El *Eco del Cibao* (Santiago, 1904-1907) y *El Tiempo* (Santo Domingo, 1910-1921), y dos buenas revistas: *La Cuna de América* (1903-1924) y *Blanco y Ne-*

gro (1908-1913, 1925-1926), ambas editadas en Santo Domingo. Con ellas aparece también en Santo Domingo el periodismo gráfico.[15]

Florecen también en este período el ensayo, el teatro –aunque siempre de un modo tímido y sin verdadero arraigo popular–, y la historia. Mientras tanto, el arte popular sigue nutriéndose en la política y la crítica social, sobre todo después de la anexión a España. Destacaron en este largo período José Torres, Manuel Bretón, Juana Hernández, Emilio Gil Fernández (El «Cantor del Licey»), el ciego santiagués Seño Manuel, Vicenta Ortiz o «Vicenta la Manila», Pedrito Ortiz, Ulises Montás, y otros muchos. Pero el verdadero poeta popular que llena toda una época de la historia de la República –desde los tiempos de Báez hasta la ocupación norteamericana de 1916 a 1924– es el santiagués Juan Antonio Alix (1833-1918), que cultivó el género satírico, político y erótico.[16]

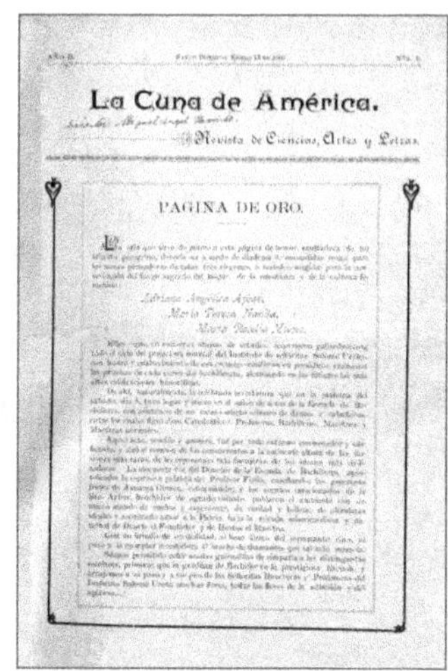
La Cuna de América.

Revista de Ciencias, Artes y Letras.

PAGINA DE ORO.

La Cuna de América

Por primera vez se puede hablar de pintores dominicanos, aunque muchas veces sigan modelos franceses o españoles, como sucedió en el caso de la novela y la poesía. El romanticismo pictórico, como había sucedido antes con el romanticismo literario, marca la pintura dominicana de esta época, entre cuyos cultivadores destacan Alejandro Bonilla, que hizo el primer retrato de Duarte; Arturo Grullón, aficionado a los temas moriscos y argelinos tan del gusto de los románticos; Leopoldo Navarro, acuarelista; Adriana Billini, Luis Desangles, cultivador del género histórico romántico; Abelardo Rodríguez Urdaneta, escultor, músico y fotógrafo; Enrique García Godoy, aferrado a los patrones neoclásico y romántico; Celeste Woss y Gil, impresionista, y otros. La primera escuela de pintura había sido instalada en 1883, a cargo del maestro español Fernando Corredor, y en ella surgieron muchos de los artistas dominicanos que, a su vez, abrieron escuelas de pintura, como ocurrió con Celeste Woss y Gil y Enrique García Godoy.[17]

Heriberto Pieter

Béisbol en Santiago. Revista *Renacimiento* No. 94, noviembre 1916

Vasconcelos en Santo Domingo
El eminente mejicano que durante algunos días ha sido huésped de honor de la República, con el maestro de tres generaciones, don Federico Henríquez y Carvajal, y con el joven Secretario de Instrucción, Lic. Rafael Estrella Ureña, que acompañaron al insigne Vasconcelos desde que pisó tierra dominicana y que tuvieron para él toda suerte de atenciones.
La Opinión, Vol. 18, Año III, núm. 176, 19 de junio de 1926.

En la música, influenciada también por el romanticismo, destacan en el siglo XIX Juan Bautista Alfonseca, autor del primer Himno Nacional, y uno de los primeros que recogió los aires folclóricos populares; Pablo Claudio, autor de danzas y óperas; José María Arredondo y José Reyes, que adaptó las estrofas del «Himno Patriótico» de Emilio Prud' Homme en 1883, pasando a ser oficialmente el Himno Nacional en 1934.[18]

La modernización de la vida dominicana que se llevó a cabo a fines del siglo XIX, trajo como consecuencia un florecimiento de las letras, las artes, pero «la turbulencia de la vida política dominicana del siglo XIX y tres primeras décadas del XX es de tal magnitud, que el cultivo de las humanidades transcurre con altibajos y a duras penas se puede hablar de una tradición acorde con las aspiraciones de las clases letradas».[19] Al mismo tiempo, y aunque no corra por el mismo cauce, se desarrolla una cultura popular que va ganando terreno, sobre todo en el campo de la música. Las diferencias sociales, marcadas desde el inicio de la colonización española, hace que una gran masa de dominicanos, sobre todo en la zona rural permanezcan «orillados de la vida cultural» de las ciudades. Ni la Independencia ni la Restauración lograron reducir la brecha entre las masas iletradas y la minoría urbana educada en los centros académicos Esto explica, según asegura Carlos E. Deive, «la existencia, hoy día, de dos culturas: una rural, de tradición oral, fuertemente enraizada en el pasado, y otra ciudadana y cultivada».[20]

En realidad, ambas culturas –la urbana y la rural– estaban enraizadas en el pasado, puesto que ambas seguían modelos de corte colonial, como hemos visto en el caso de la literatura y la pintura. El aislacionismo cultural en que viviría la República Dominicana hasta mediado el siglo XX, hizo que la clase privilegiada se refugiase en los modelos españoles y franceses, al tiempo que acentuaba su carácter y su origen hispánico, aunque tuviese que confesarse hijo de mestizaje. Así lo expresaba en una de sus *Cartas a Evelina*, el Dr. Francisco Moscoso Puello en 1930:

Franscisco Moscoso Puello,
Cañas y bueyes.
Santo Domingo, Letragráfica, 2015.

> *Tengo un ochenta por ciento de blanco, soy un mestizo de tres cuartos de sangre, es decir, más blanco que negro, por lo cual puedo desarmar un reloj, bregar con tornillos y máquinas complicadas, entender un plano, trabajar con la electricidad, industria blanca por excelencia, sentarme en un inodoro, comer avena con leche fría, y hacer otras cosas por el estilo que, indiscutiblemente, sólo pueden hacerlas bien hechas los blancos puros. Y por eso en New York me he sentido como en mi propia casa. ...El filón negro que yo poseo lo he recibido por mi madre... Casi todos mis parientes maternos pertenecen a la raza negra, y ésta no tiene historia.*[21]

Franscisco Moscoso Puello

Aunque más adelante, el mismo Moscoso Puello reconozca que no siente desprecio por su pasado racial –«el negro tiene excelentes cualidades que el blanco se empeña en negar obsti-

Francisco Palau
Nació en la ciudad de Santo Domingo el 15 de agosto de 1879. Cuando tenía veintiún años llegó el cine a Santo Domingo, y quizás el joven se contó entre los primeros espectadores que llenaron la sala de «La Republicana» la noche del sábado 3 de noviembre de 1900, cuando Francesco Grecco exhibió las once o doce películas del programa del Cinematógrafo Lumiére.
A los veintiséis años empieza su carrera de fotógrafo, y unos años después, el 20 de septiembre de 1908, sacará a la luz el primer número de la revista *Blanco y negro*. Pocos años después de iniciarse la ocupación militar norteamericana, Palau inicia una nueva aventura, de la que parece aspira a convertirse en nuevo pionero: la aventura del cine nacional.
José Luis Saez, «Don Francisco Palau: Notas para una biografía apresurada», *Isla Abierta*, 31 de agosto de 1985, p. 14.

nadamente»– su análisis de la situación del país y del carácter del dominicano, destila el mismo pesimismo que contagió a tantos coetáneos el brillante periodista José Ramón López, autor del interesante estudio *La alimentación y las razas*.[22] Sin embargo, mientras el periodista de Montecristi insiste en los hábitos alimenticios del pueblo dominicano como causa de la debilidad de carácter, el Dr. Moscoso Puello afirma que el mulato dominicano «todavía no se ha podido desprender de las taras que en su espíritu ha dejado la esclavitud y el coloniaje», y que se traducen en «ese estado mental de inferioridad, de esa conciencia de incapacidad que forma en los hombres la falta de ejercicio de su libertad».[23]

Para Moscoso Puello, aun en la tercera década del siglo XX no hay conciencia nacional, porque gran parte de la población dominicana nunca se ha preocupado por crearse una conciencia política. «No de otro modo se puede explicar –dice Moscoso– la circunstancia de que el dominicano se postergue voluntariamente, y postergue a sus compatriotas, a quienes no les concede capacidad alguna para realizar nada».[24]

Nótese que el siglo XX se inicia en Santo Domingo con una intervención armada de los Estados Unidos, que crea «patrones socioculturales de dependencia al auspiciar una dirigencia y unos cuadros socio-económicos que se escamotean defendiendo una falsa soberanía nacional o simulando una autonomía político-económica».[25] La carencia de conciencia nacional se manifiesta, sobre todo, en los sectores sociales privilegiados que se han convertido en «los mejores y más fieles servidores de los intereses intervencionistas».[26]

Mientras los primeros años del siglo XX están marcados por la reacción patriótica ante la intervención armada de los Estados Unidos, a partir de 1924, la soberanía nacional –el recla-

James Palmer, quien después de ofrecer sus servicios en La Vega y Moca en 1884[1647], volvió a abrir su galería, establecida en 1882[1648]...

De estos artistas del lente, Palmer, aunque inglés, se había *«formado y levantado tan notablemente en el arte fotográfico»* en el país, recibiendo las mejores críticas: *«sus copias pueden rivalizar con las de los mejores artistas de París»*, se indicaba en la prensa en 1884[1657].

[1647] Ateneo Amantes de la Luz, *El Eco del Pueblo*, 31 agosto 1884.

[1648] Ateneo Amantes de la Luz, *El Eco del Pueblo*, 31 diciembre 1882. Palmer cerraría nuevamente dicho estudio, reabriéndolo por poco tiempo en 1886, como lo refirió la prensa (Ateneo Amantes de la Luz, *El Eco del Pueblo*, 20 junio 1886). Pese a ese anuncio, lo encontramos como fotógrafo en 1891 (Ateneo Amantes de la Luz, *El Día*, 20 julio 1891).

[1657] Ateneo Amantes de la Luz, *El Eco del Pueblo*, 31 agosto 1884. Sobre crítica de Palmer, ver Ateneo Amantes de la Luz, *El Eco del Pueblo*, 18 marzo 1883.

Edwin Espinal Hernández, *Historia Social de Santiago de los Caballeros, 1863-1900*. Santo Domingo, Fundación Manuel de Jesús Tavares Portes, Inc., 2005, p. 217.

mo de lucha de muchos intelectuales y de la clase dirigente– se convierte en «un montaje conciliatorio de intereses estadounidenses con ideales nacionales monopolizados en última instancia por el conservadurismo y oportunismo criollo, del que resulta el Horacismo».[27] En la euforia del cambio político, se construyeron escuelas, puentes, carreteras, edificios de varias plantas, zonas residenciales en la periferia de la capital y, en fin, se urbanizó definitivamente la vida dominicana, al tiempo que se marcaba aún más el contraste –la oposición social– entre la élite urbana y la gran masa rural criolla.

En el marco de esa etapa de apertura, además de instalarse la primera emisora de radio en la capital (1924), surge por primera vez el deseo de hacer cine en el país. El proyecto se deberá al «empresario» Juan Bautista Alfonseca Castillo (1872-1934) y el fotógrafo Francisco Arturo Palau (1879-1937). Junto a un grupo de improvisados actores de la pequeña burguesía urbana producen dos cortometrajes en formato normal: el drama religioso «La leyenda de Nuestra Señora de Altagracia» (1923), y la comedia al estilo francés o italiano «Las emboscadas de Cupido» (1924).[28]

El negocio de la importación de cine, iniciado en forma a principios del siglo XX, había crecido al amparo de la ocupación norteamericana, pero este primer arranque de una industria cinematográfica dominicana no contó con seguidores inmediatos, –excepto el caso del polifacético Don Salvador Sturla (1891-1975)–,[29] y su futuro resultaría inestable, por lo menos hasta la década de los ochenta. Sin embargo, la clase dirigente acababa de incorporar un elemento más, aunque fuese importado y por lo mismo extranjerizante, a su reducido ámbito cultural y, por tanto, a su aparato simbólico. El contagio no

Ñico Lora y su conjunto típico

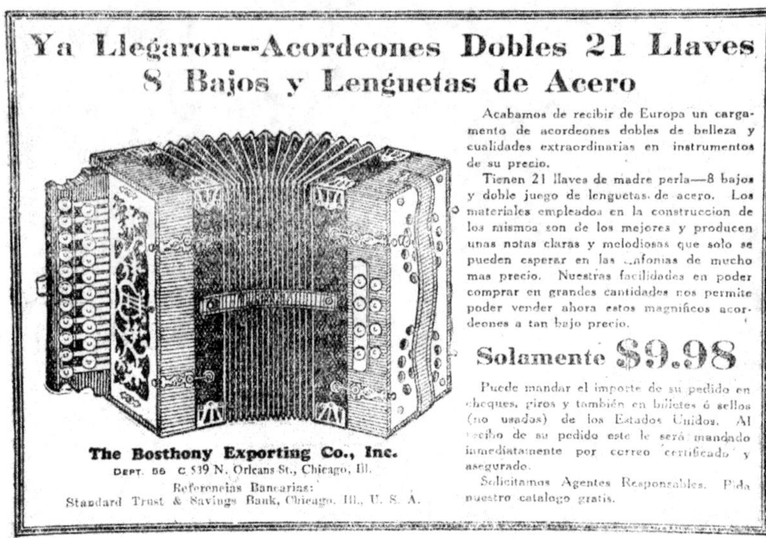

Listín Diario, 28 de marzo de 1923, página 14 [anuncio acordeón]

tardaría en extenderse a los demás segmentos de la sociedad dominicana.

Mientras esa élite socio-cultural vive su «belle époque» (clubes exclusivos, viajes, modas), amparada por la prosperidad económica del año 27, las minorías extranjeras asimiladas al comercio minoritario (libaneses y chinos) o a la industria del azúcar («cocolos» y haitianos), quedan marginados del efímero progreso social y reducidos a su ghetto cultural. La gran masa criolla no corrió mejor suerte: sin más posibilidades de ascenso social que el ejército, organizado por las fuerzas de ocupación, o la adulación política, se mantendría largo tiempo en la categoría de inferior, racial y culturalmente, a la que estaba reducida por sus compatriotas de la clase dominante. Su aporte a la cultura dominicana permanecería oculto y sin reconocimiento, hasta tanto las ciencias sociales (antropología, sociología, historia), libres de trabas políticas, lo rescataran en la década de los años sesenta.

La «Era de Trujillo» y su secuencia

A partir del derrocamiento del gobierno continuista de Horacio Vásquez (23 de febrero de 1930), y la instalación del gobierno de fuerza del General Trujillo, la cultura y la sociedad dominicanas inician una fase que estará marcada por la represión y el oscurantismo.

Mientras algunos historiadores y sociólogos justifican la aparición de Trujillo y su régimen, buscando responsables dentro y fuera de la República Dominicana, otros recurren al consabido complejo de inferioridad para explicar el apoyo masivo de un pueblo a un tirano. «Para comprender la llamada Era de Trujillo –dice J. Gimbernard– es necesario mirar atentamente a nuestro histórico sentimiento nacional de inferioridad, teniendo muy presente que son los sentimientos de frustración, debilidad, depresión, en fin, inferioridad, los que, universalmente, constituyen el piso sobre el cual se levanta el dictador».[1] Si a eso se añade la gran crisis económica de 1929 y la descomposición caudillista que sufría el país[2] –la funesta «debilidad nacional» que se reflejaba sobre todo en el gobierno–, tendremos un cuadro un poco más completo de los antecedentes de esos treinta y un años de tiranía.

Hay quienes han querido ver en la Era de Trujillo, la culminación de cierto «redentorismo político», que muchos habían compartido desde los primeros años del siglo XX, y que algunos intelectuales –Américo Lugo entre ellos– habían formulado en sus escritos, basándose en la incapacidad política del pueblo dominicano para gobernarse. «Nunca como hasta ahora he creído –decía el ilustre pensador en 1916– que sea posible gobernarnos sin tiranía y despotismo».[3] Lo cierto es que los «ideólogos» del régimen supieron explotar ese «redentorismo» para dotar al gobierno tiránico de Trujillo de una justificación que validara sus actuaciones. El racismo histórico, y la falta de fe en el pueblo dominicano –en la clase mayoritaria criolla, naturalmente– adoptaron nuevas formas de expresión. Ahora se hablaba del peligro del vecino del Oeste, como agente contaminador de la raza, y de la seguridad de un régimen autocrático que acabase con los vaivenes de una democracia ilusoria.[4]

Américo Lugo

El aparato represivo del régimen de Trujillo logró además que la clase dirigente se sometiera irremisiblemente a ser instrumento de lo que algunos han llamado el «trujillismo político». El general Trujillo, que pertenecía a la clase social más baja, utilizó a la clase privilegiada para demostrarle su inutilidad y dejar bien claro que los cargos públicos y la tarea misma de gobernar habían dejado de ser exclusivos de «cierta casta de privilegiados que no tenían más merecimiento que el apellido para ascender a los más altos puestos en el orden de las jerarquías oficiales».[5]

Al mismo tiempo que se instalaban o ampliaban el militarismo, el nepotismo, la adulación y el terror, se desarrollaba cierta cultura material en términos de construcciones, desarrollo urbanístico, extensión de las comunicaciones, etc. y cierto florecimiento de las artes y las letras, evidentemente sometidas a la tiranía. Esto no fue obstáculo, sin embargo, para que muchos

Trabajadores del *Listín Diario* compaginando el periódico. Fotografía Conrado.

escritores desarrollaran una importante labor, tanto dentro como fuera del país, y que incluso, algunos pudieran eludir el sometimiento ideológico, la adulación obligada y hasta la persecución, como sucedió con el ilustre historiador Américo Lugo.[6]

Hay que reconocer que, a la hora de instalarse en el poder el régimen tiránico de Trujillo, los intelectuales más destacados del siglo XX tenían buena parte de su obra ya hecha, y muchos de ellos se revelaban como verdaderas promesas. Sin embargo, a la hora de iniciarse el segundo período de gobierno de Trujillo, unos optan por el exilio y otros vegetan en el silencio o hacen verdaderos equilibrios mentales para buscar inspiración en la «nueva era» o en los familiares del tirano. Los que optaron por el exilio, completaron su obra, enriquecida con el contacto de la narrativa y la poesía latinoamericanas, dándose el caso de poetas como Manuel del Cabral y Pedro Mir, que adquirieron un nombre de prestigio y permanecieron desconocidos en su Patria hasta la caída de la tiranía. El régimen de Trujillo representó además –como dice Carlos E. Deive– una ruptura con la tradición liberal que había prevalecido en la República Dominicana desde el siglo XIX, y que «hizo posible el desarrollo parcialmente espontáneo y sin ataduras de la actividad intelectual». Sin embargo, como afirma el mismo autor.

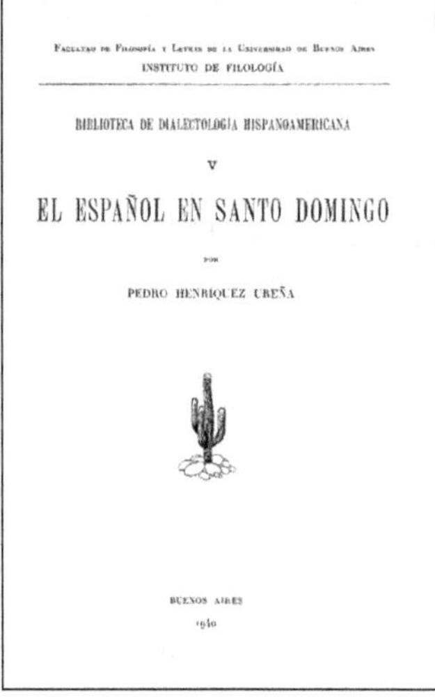

Facultad de Filosofía y Letras de la Universidad de Buenos Aires
INSTITUTO DE FILOLOGÍA

BIBLIOTECA DE DIALECTOLOGÍA HISPANOAMERICANA

V

EL ESPAÑOL EN SANTO DOMINGO

POR

PEDRO HENRÍQUEZ UREÑA

BUENOS AIRES
1940

Pedro Henríquez Ureña,
El español en Santo Domingo.

El molde político en que se estructura la dictadura cercena por completo el derecho a la libre expresión. Los intelectuales que no toman el camino del exilio permanecen, en su mayoría, subordinados a las directrices del régimen, el cual, en virtud de su poder ferozmente coercitivo, les impone el ejercicio de una vocación dirigida preferentemente al culto al dictador, al héroe mesiánico, y a la exaltación exacerbadamente nacionalista de la República.[7]

Como es de suponer, el sometimiento de que hemos hablado ya, trajo como resultado una producción literaria «teñida de etnocentrismo historicista, destinada a resaltar los valores hispánicos y occidentales del país en detrimento de la cultura haitiana vecina, negroide e incivilizada».[8] El reflejo político de esa literatura fue la exaltación de «héroes» como Pedro Santana o Juan Sánchez Ramírez, en detrimento de Duarte o Luperón, y la aparatosa campaña de «dominicanización fronteriza» iniciada en 1942.

La creación, y posterior fortalecimiento, de una clase media –«una burguesía sin objetivos culturales», como afirma Marcio Veloz Maggiolo–,[9] hizo que se mantuviera el doble standard cultural del siglo XIX o que incluso se acentuara la diferencia entre las dos culturas –la mestiza y la hispanizante. Agudizó las diferencias en la táctica de Trujillo en usar a la Iglesia de agente legitimizador de su política. En términos religiosos, las dos culturas se convertían en superstición y ortodoxia.[10]

A pesar de que existía ya desde fines del siglo XIX una institución de enseñanza superior –el Instituto Profesional, fundado por José Gabriel García y Emiliano Tejera en 1866, y convertido en Universidad de Santo Domingo en 1914–, los que tenían acceso a la educación profesional eran pocos, y en su mayoría de la clase acomodada. Sin embargo, durante los años que

siguen a la instalación del régimen de fuerza de Trujillo, la educación recibe un notable impulso, tanto en las construcciones de locales como en la capacitación del personal docente. La labor se encomendó al principio al notable humanista Pedro Henríquez Ureña, pero pronto abandonó el cargo, como era de esperarse en un intelectual de su categoría, y regresó a la Argentina.

El sistema de enseñanza, siguiendo el modelo establecido por los estadounidenses durante los ocho años de intervención armada, se caracterizaba por su orientación anti-democrática y anticientífica. «El nacionalismo chauvinista, el racismo, el clericalismo irracional, el culto a la autoridad del Estado y a su encarnación máxima, Trujillo»,[11] constituían los fundamentos de la educación primaria, secundaria e incluso universitaria. La campaña de alfabetización total, impulsada en la década de los años cincuenta, no perseguía otros objetivos políticos que el simple mejoramiento intelectual de las grandes masas marginadas. La «Cartilla Cívica» –un verdadero manual de indoctrinamiento político– reforzaría la labor de la misma escuela, creando un mecanismo reflejo de apoyo al régimen.[12]

Paco Escribano
Rafael Emilio Tavares Labrador (Paco Escribano, quien también se hacía llamar «Rey del disparate» y «Archipámpano de la carcajada») fue, a su manera, y en las circunstancias posibles dentro de la férrea dictadura de Trujillo, un crítico de la sociedad de su época.

Virgilio Díaz Grullón

Luis Alberti

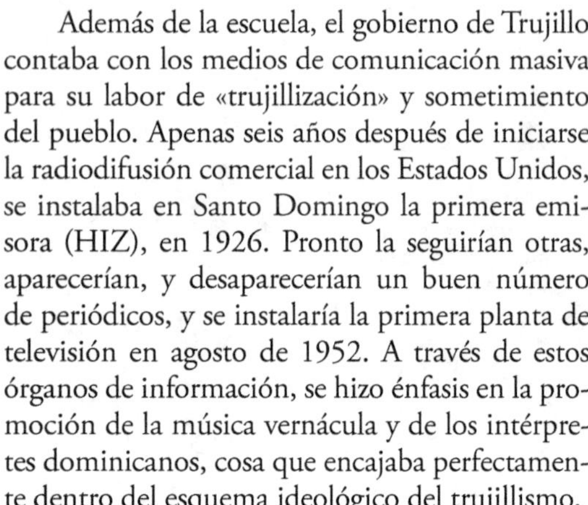

Además de la escuela, el gobierno de Trujillo contaba con los medios de comunicación masiva para su labor de «trujillización» y sometimiento del pueblo. Apenas seis años después de iniciarse la radiodifusión comercial en los Estados Unidos, se instalaba en Santo Domingo la primera emisora (HIZ), en 1926. Pronto la seguirían otras, aparecerían, y desaparecerían un buen número de periódicos, y se instalaría la primera planta de televisión en agosto de 1952. A través de estos órganos de información, se hizo énfasis en la promoción de la música vernácula y de los intérpretes dominicanos, cosa que encajaba perfectamente dentro del esquema ideológico del trujillismo.

Es obvio que la prensa y algunos medios de comunicación masiva influían en la conducta del pueblo casi exclusivamente a nivel urbano, y sólo afectaban a un grupo reducido –en el caso de la prensa– dado el alto índice de analfabetismo incluso después de la aparatosa «campaña Trujillo de alfabetización total», de 1955, y lo reducido de las zonas electrificadas del país. Sin embargo, Trujillo se valió de un instrumento mejor para influir sobre las masas populares, sobre todo campesinas; su propia cultura, de la que él era un gran conocedor.

La Voz del Yuna

Primera agrupación musical femenina dominicana
Conjunto femenino de la señorita Mónica Cámpora formado en el año 1936. De izquierda a derecha (paradas): Chachita Coronado, clave; Olga Guzmán, cantante; Josefita Álvarez S., cantante; Niní Bello, marimba. De izquierda a derecha (sentadas): Margarita Nadal, bongó; Marianela Henríquez, mandolina; Mónica Cámpora, directora y pianista; Almida Castillo de Estévez, violín y Nunu Burgos, maracas. *Listín Diario*, 11 de abril 1937, Pág. 7.

El caudillismo político, el principio de autoridad, la actitud pasiva ante la naturaleza, la carencia de normas fijas de acción. Muchos elementos de la cultura tradicional permiten a Trujillo presentarse como un súper caudillo. Su forma de vestirse, de imponer respeto, los discursos floreados e ininteligibles que sobre él se hacen en las revistas cívicas, los bautismos, la resolución de problemas personales, todos son rasgos de su imagen pública perfectamente encajables dentro de los gustos populares.[13]

Incluso en su primera campaña política, y precisamente para acabar con la mala imagen que tenía ante gran parte del pueblo la figura del militar, Trujillo hace su campaña sobre la base del ritmo típico del Cibao –el merengue–. A cada pueblo o paraje que visitaba, le acompañaba un cuarteto típico, que cantaba sus «futuras glorias y promesas», como recuerda el Maestro Luis Alberti.

En los bailes sociales a que él asistía siempre pedía merengue, que era su pieza musical predilecta. Como las sociedades tenían proscrito el merengue, y ahora surgía otro motivo contra él –sentimientos políticos–, desde que Trujillo daba la espalda, se olvidaban del merengue.[14]

Como sucedió en la Cuba de los años sesenta con Carlos Puebla, los compositores populares de la «Era de Trujillo» se dedicaron a cantar los logros del régimen, la bondad del Jefe o la debilidad de los opositores. Así surgieron composiciones como la salve «Era Gloriosa», o los merengues

La directiva y un grupo de socias del «Club Nosotras».
El Gráfico, Año I, No. 1, 18 de agosto de 1928.

La candidata Sta. Vitiello en traje de fascista, con un grupo de concurrentes al baile del sábado, haciendo el saludo fascista.
El Gráfico, Año I, No. 16, 1 de diciembre de 1928.

Mujeres votando en 1934
De Izquierda a derecha, sentadas, Abigaíl Mejía, Celeste Woss y Gil, y Carmen Rodríguez Gautier. De pie: Opinio Álvarez Mainardi, María Ricart y una señora no identificada con la boleta en la mano. Foto de Luis E. Mañón, colección Ylonka Nacidit-Perdomo.

«Con la T», «Déjenlos que lleguen», «Llegó el General» o «Salve San Cristóbal».

Hay que reconocer, sin embargo, que el interés de Trujillo por la cultura popular, no se debía precisamente a su supuesta actitud nacionalista, sino al potencial político que había en la gran masa dominicana a la hora de apoyar, una vez más, la política de Trujillo, denunciar a cualquier desafecto al régimen, o develar un desembarco guerrillero. El sabía muy bien cómo respiraba su pueblo, y las teclas que había que tocar para ponerlo en movimiento.[15]

Merengueros típicos del Cibao
Fotografía tomada en Navarrete por Gustavo Bisonó Fernández con una cámara Kodak de fuelle de su propiedad, aproximadamente en el año 1929. Esta fotografía fue cedida en el año 1970 por Víctor Bisonó al folklorista Fradique Lizardo, quien la publicó en su libro *Danzas y bailes folklóricos dominicanos del año 1974.*

Literatura comprometida y atrofia literaria

Gran parte de los escritores, y hasta movimientos literarios, que realizaron su labor durante la primera década de la Era de Trujillo, surgieron verdaderamente antes de la instalación

Pedro René Contín Aybar

Enrique Blanco
Guardia en los años 30. Desertó del ejército y vagó por los montes por cuatro años convirtiéndose en leyenda. Su cadáver fue paseado por Santiago, en noviembre de 1936, para validar su muerte.

del gobierno de Horacio Vásquez en 1924. Para esa época, el modernismo tardío ya había sumado adeptos entre los escritores jóvenes. Aparte de Fabio Fiallo, «el poeta del amor», destacan en esta tendencia Osvaldo Bazil, Enrique Aguiar, Andrejulio Aybar, Manuel Florentino, e incluso los hermanos Pedro y Max Henríquez Ureña.

Como reacción paralela al modernismo, surgen movimientos literarios como la literatura social –aún tímida en el fondo y en la forma–, el vedrinismo y el postumismo. En la primera modalidad post-modernista se distingue Federico Bermúdez con su obra «Los Humildes», de influencias positivistas y «tímidos asomos simbolistas».[16] El Vedrinismo o «versolibrismo» tenía apenas dos exponentes: el creador del movimiento, Vigil Díaz, y el único discípulo, Zacarías Espinal.[17] Por su parte, el Postumismo –con su obsesión con el más allá, la muerte y la incertidumbre–, surge en 1921 de mano de Andrés Avelino y Domingo Moreno Jimenes. Además de proclamar la libertad del verso y el repudio de las formas literarias del siglo XIX y XX, el Postumismo se preocupa sobre todo por revalorizar lo nacional, lo auténticamente dominicano, comenzando por incorporar a la poesía las palabras comunes.[18]

Después de la brecha abierta por el Postumismo, y durante los años que transcurren entre la subida al poder de Trujillo y el comienzo de la segunda guerra mundial, surge un grupo de escritores preocupados por la problemática social dominicana. El interés por lo nacional tiene su origen, naturalmente, en el sentimiento antinorteamericano que dejó la intervención armada estadounidense durante los ocho años de ocupación. Esta modalidad literaria, que se manifestará en la novela de denuncia y la valorización de lo criollo, no prosperará más allá de los primeros diez años de la «Era de Trujillo».

En la poesía de la nueva tendencia surgen grupos como «Los Nuevos», nacido en La Vega, que se interesa por la poesía social y los temas negroides; «Los Aislados», que reaccionan contra los grupos cerrados o las tendencias definidas y, sobre todo, la llamada Poesía Sorprendida, que prefiere abrir sus horizontes al «hombre universal», en vez de cerrarse en «todo falso insularismo». En realidad, el «universalismo» de los «sorprendidos» era una forma hábil de ejercer el oficio de poeta sin venderse al tirano o tener que optar por el exilio. Aunque algunos han visto en la poesía sorprendida una forma de surrealismo transplantado al trópico, en realidad constituyó un refugio para quienes quedaron encerrados en esa especie de atrofia literaria de gran parte de la «Era de Trujillo». En el movimiento de los «sorprendidos» se distinguieron Franklyn Mieses Burgos, Manuel Llanes, Aída Cartagena, Freddy Gatón Arce, Manuel Rueda, Antonio Fernández Spencer y el chileno Alberto Baeza Flores, animador del movimiento hasta su extinción en 1947.[19] Entre los aislados surgieron figuras de la talla de Héctor Incháustegui, Tomás Hernández Franco, Manuel del Cabral y Pedro Mir, aunque los dos últimos escriban la mayor parte de su producción en el extranjero.[20]

Por su parte, la narrativa también se lanzó por el difícil camino del nacionalismo y la crítica social, distinguiéndose sobre todo Francisco Moscoso Puello, Andrés Requena, Ramón Marrero Aristy y Juan Bosch El valiente experimento de la novela social y la preocupación por crear una narrativa verdaderamente dominicana, quedó frustrado en poco tiempo: Andrés Requena fue asesinado en el exilio, Juan Bosch engrosó la larga lista de exiliados, y Ramón Marrero Aristy sirvió en diversos cargos de la administración pública, y acabó su vida víctima del crimen organizado de la tiranía.

Después de más de 100 años de desaparecida la tumba, y cuando se creía perdida para siempre, Edna Garrido volvió a grabar esta música en el año 1946.

Los ómnibus «Quisqueya»
Dos de las tres magníficas guaguas que la «Empresa de Ómnibus Quisqueya» acaba de poner en circulación entre Pajarito y San Jerónimo y que son para la romántica capital dominicana una prenda de progreso efectivo.
La Opinión, Vol. 17, Año III, Núm. 162, marzo 13 de 1926.

Abigaíl Mejía
Entre los varios y bellos retratos de damas de nuestra sociedad que el pintor Emilio Gisbert ha dibujado, figura éste, de nuestra amiga y colaboradora, la joven y notable literata señorita Abigaíl Mejía, que con verdadero placer publicamos.
La Opinión, Vol. 18, Año III, No. 174, 5 de junio de 1926.

Salvador Sturla

Retrato del pintor Vela Zanetti. Fotografía de Conrado

No es extraño que el teatro fuera, durante mucho tiempo, una de esas rarezas que aparecen en la Capital de la República de tarde en tarde. Una tiranía, aunque se esmere en facilitar al pueblo diversión, deportes, vida cómoda, sin embargo sospechará siempre de una manifestación festiva y de un espectáculo social como el teatro, sobre todo teniendo un historial de denuncia social, como había sucedido en Santo Domingo durante el siglo XIX. La «Era de Trujillo» mantuvo al teatro en una etapa de atrofia, de la que aún no se ha recuperado totalmente. A pesar de fundarse una escuela de teatro, con profesores extranjeros, de construirse locales adecuados, y de estrenarse obras de autores dominicanos, «el grado de corrupción política y enajenación cultural del régimen obstaculizaron la mise en scene de obras de calidad, condenándosenos a estupideces escenificadas».[21] De vez en cuando, escritores como Manuel Rueda o Franklyn Domínguez, estrenaban sus producciones, que competían con el teatro español del siglo de oro, las visitas de compañías españolas de segunda

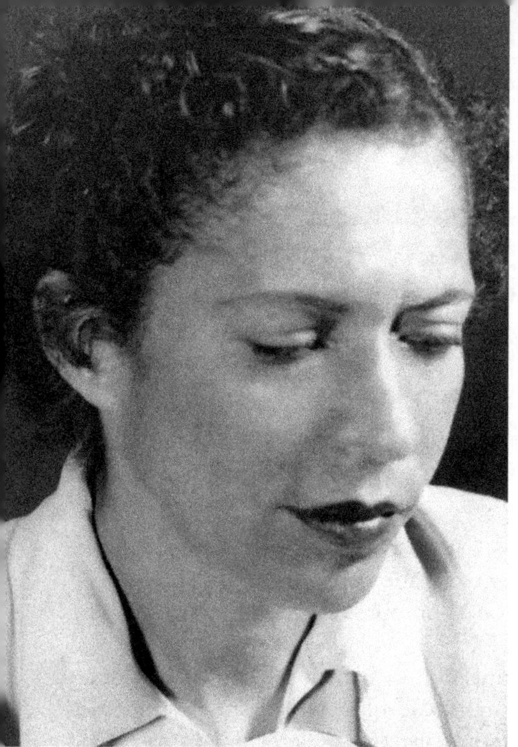

Aída Cartagena Portalatín

Franklyn Mieses Burgos

Domingo Moreno Jimenes

Radio Televisión Dominicana

categoría, e incluso los equilibrios dramáticos de cualquier escribano del régimen, que luego aparecían con el nombre de Doña María Martínez de Trujillo.[22]

Lo mismo que había sucedido con la literatura, se repitió con las artes plásticas: surgió un grupo de artistas preocupados por lo nacional, el costumbrismo, el paisaje dominicano, etc., como reacción contra lo foráneo, y sobre todo, contra lo norteamericano. Se distinguen en este movimiento inicial, anterior a la «Era de Trujillo», Darío Suro y Yoryi Morel, a los que se unen más adelante Xavier Amiama, Federico Izquierdo y Jaime Colson, entre otros.

Portada Revista *¡Ahora!*, núm. 1, 15 de enero de 1962.

La llegada de los refugiados de la guerra civil española, los emigrantes judíos, y la creación de la primera Escuela Nacional de Bellas Artes, sirvieron de impulso para la formación de nuevas generaciones de pintores dominicanos. Merecen destacarse los españoles José Vela Zanetti, José Gausachs y Eugenio Fernández Granell, así como el alemán George Hausdorf, el húngaro Joseph Fulop y el austríaco Ernesto Lothar, en pintura. En escultura, merecen citarse Manuel Pascual y Antonio Prats Ventós.[23] En la década de los años cuarenta, surgen figuras de la importancia de Gilberto Hernández Ortega, Clara Ledesma, Nidia Serra, Noemí Mella, y otros, nacidos en la década de los años veinte, e influidos por la obra de Colson, Morel y Suro, y los artistas españoles antes mencionados.

En la década de los años cincuenta, surge una nueva generación de pintores que optan por el arte abstracto durante su época, pero que volverán después a la figuración, como «más acorde con nuestro medio y más representativo de nuestro arte».[24] Entre esos artistas de los años cincuenta, que ocupan el liderazgo de la pintura dominicana de la actualidad, figuran Ada Balcácer, Silvano Lora, Domingo Liz, Guillo Pérez, Dionisio Pichardo, Fernando Peña Defilló, Marcial Schotborgh y Jorge Noceda Sánchez.

En la música, además de los usos políticos de los ritmos populares, surgen figuras destacadas tanto en la música llamada «culta», como en la que se nutre de los aires populares para crear una obra que rescate y popularice la música auténticamente nacional. En la primera modalidad –la música «culta»– aparecen nombres como José de Jesús Ravelo, Rafael Ignacio, y más tarde Manuel Rueda y Manuel Simó. En la música autóctona se destacan Julio Alberto Hernández, Luis Alberti, Juan Francisco García, José Dolores Cerón y otros. Quedan en el anonimato muchos compositores verdaderamente populares, que nunca tuvieron acceso a los medios de comunicación o a las salas de concierto, pero que mantuvieron vivas las expresiones musicales criollas, y permitieron el rescate de nuestros ritmos en la década de los años setenta.

Aunque los historiadores están de acuerdo en que la caída del régimen tiránico de Trujillo y los Trujillo, marca el inicio de una nueva etapa en la historia de la cultura dominicana, hay que reconocer que los treinta y un años de la «Era de Trujillo» dejaron una marca profunda en la sociedad y en la cultura que sería difícil de borrar, y mantendría su vigencia durante los inestables

Ciguapa

«f. Folk. Bellas mujeres indígenas, que, de acuerdo con la creencia de algunos campesinos, viven en el fondo de los lagos y de los grandes ríos. Salen a la orilla a peinar sus largas cabelleras, pero es casi imposible verlas porque huyen y se sumergen en las aguas cuando advierten la proximidad de algún ser humano. Para seguir sus huellas es necesario ir hacia atrás, pues tiene los pies al revés, con los talones en la parte delante. Como los indios ciguayos usaban el pelo largo tendido sobre la espalda, la voz ciguapa puede ser corruptela de ciguayo, aplicada a seres de abundante cabellera (Rodríguez Demorizi, 1983). Esta palabra está incluida en el DRAE: R. Dom. En la tradición popular, fantasma varón o hembra, con los pies hacia atrás, que vive en cavernas y montes pero baja a los ríos en busca de amores, anda desnudo y jupea cuando tiene necesidad de afecto y protección. Algunos autores la escriben con s: siguapa (Cruz Díaz, 1965: 248). Véase Bernardo Vega, "Orígenes del mito de la ciguapa" (La lupa sin trabas, núm. 17, 10 de abril de 2013: 59)». Orlando Inoa, *Diccionario de dominicanismos*. Santo Domingo, Letragráfica, 2015.

Paul Giudicelli

Clara Ledesma

Nidia Serra

Jaime Colson

Villa Francisca

años que siguieron a la provisionalidad democrática que constituyó el efímero gobierno del Partido Revolucionario Dominicano en 1963. Desde la caída de la tiranía hasta la guerra civil de 1965, la cultura dominicana lucha por librarse de los moldes a que había estado sometida durante las tres décadas de la «Era de Trujillo».

Sin embargo, la novedad de la lucha política sin ataduras, y la obsesión por eliminar los últimos rastros del régimen en una «destrujilización desesperada», hace que la cultura dominicana, sobre todo entre la población urbana, se contagie del mismo mal. El elitismo de los escritores que habían adquirido un nombre durante la tiranía –una especie de privilegio de antigüedad– quiere ahora poner trabas al libre juego de la inteligencia y las ideas, mientras algunos «persisten en ofrecer en exclusividad su destartalado tono social».[24]

Pasarán varios años para que la inteligencia, la disciplina y la educación prevalezcan frente a la autosuficiencia o al nombre.

El regreso del exilio de figuras tan destacadas como Juan Bosch, Juan Isidro Jimenes Grullón y Pedro Mir, revitalizará la literatura dominicana, y dará a conocer a muchos jóvenes los valores que la «Era de Trujillo» había ocultado con esmero. Surgirán a su lado con nuevos bríos Marcio Veloz Maggiolo, Ramón Francisco, Ramón Emilio Reyes y Virgilio Díaz Grullón, entre otros. El periodismo dará un giro vertiginoso a partir de la caída de la tiranía, y surgirán nuevas figuras de la polémica que contribuirán también a la politización del medio.

Aunque las clases sociales permanecieran durante mucho tiempo inalterables, empezaba a crecer entre las grandes masas, las que «no habían sido nunca parte activa de la sociedad en el terreno político»,[25] la conciencia de que eran parte decisiva del futuro, y que las instituciones políticas tradicionales dejarían paso a un nuevo sentido de autoridad. La quimera daría ímpetu a la lucha, y abonaría el terreno para el enfrentamiento de Abril de 1965.

Desde la guerra de Abril a nuestros días

Para muchos, la cultura se transforma, a raíz de la caída de la tiranía de Trujillo, «en un bien de consumo».[1] Lo que antes había estado reservado exclusivamente a la burguesía urbana, se pone al alcance de todas las clases sociales: la cultura dominicana se *democratiza* a partir de la década de los sesenta, pero manteniendo aún el doble standard, aunque con características nuevas.

La provisionalidad democrática de 1963, y la inseguridad del gobierno del Triunvirato, hicieron que los intelectuales dominicanos se polarizaran y, a la hora de la guerra civil, optasen por una u otra postura. La generación llamada «de los sesenta», la más traumatizada por las experiencias del «trujillismo sin Trujillo», será la más representativa del momento. Sin embargo, su vigencia será efímera, y muchos de sus componentes pasarán a ser los creadores de la *cultura del consumo* de los años setenta, al cambiar la poesía comprometida por el reclamo publicitario.

Como reacción contra la cultura clasista, e incluso el concepto iluminista de la cultura, surge el fenómeno de los grupos y clubes culturales, tanto en la zona urbana como en la rural. Estos núcleos juveniles cobrarán fuerza, sobre todo, después de finalizada la guerra civil y a pesar del fracaso de la revolución que frustró a la mediana y alta clase media urbana. El papel que desempeñarán en la consolidación de la democracia no estará, sin embargo, libre de vicios. El crecimiento y la expansión de los clubes deportivo-culturales urbanos no escapó a los mismos vicios de la política y sus vaivenes.[2]

Mientras los clubes culturales intentan crear una modalidad de educación no-formal, la educación superior sigue apegada a los mismos modelos tradicionales, aunque las necesidades de los tiempos la obliguen a hacer más énfasis en las disciplinas «nuevas». En poco más de diez años se establecen tres nuevas universidades y tres institutos superiores, lo que evidencia una creciente demanda de especialistas y técnicos para una sociedad en progreso. Sin embargo, la inflación de profesionales, tanto en las carreras tradicionales como en las nuevas, ha ido creando cierta desconfianza en la eficacia del sistema educativo y del papel de las instituciones de enseñanza superior.

Por otra parte, esas mismas instituciones han dado cabida a una nueva generación de profesores e investigadores que, por primera vez en este siglo, han intentado descubrir nuestras raíces e interpretar nuestro sentido como pueblo. De ese interés creciente por las ciencias sociales, han surgido historiadores de la talla de Hugo Tolentino Dipp, Emilio Cordero Michel, Pedro Mir, Frank Moya Pons y otros, que han iniciado la tarea de reinterpretar nuestro pasado y desmitificar nuestra historia, a partir de una metodología y un rigor científico, independientemente de la ideología que profese el historiador.[3] El interés creciente por la antropología, la sociología y las ciencias políticas, ha ayudado igualmente a mantener despierto el interés por la *dominicanidad* y sus valores. Reflejo de ese interés son los grupos de investigación folklórica que, a imitación de «Convite»

Hugo Tolentino Dipp

–formado en los primeros años de la década del setenta–, han rescatado del olvido nuestros ritmos mestizos, y han mantenido sobre el tapete el tema de la nacionalidad y su expresión cultural.[4]

La creciente penetración de valores extraños, que se inició con la intervención armada de los Estados Unidos a principios de siglo, ha contribuido a deslindar las culturas que han coexistido en la sociedad dominicana, de una forma u otra, desde el siglo XVI. El aumento de la emigración interna, y la extensión de los barrios marginados, sobre todo en la ciudad Capital, ha contribuido a que emerja una tercera cultura, que podríamos denominar *cultura de la pobreza*. Coetánea de esta nueva modalidad cultural, se ha ido consolidando desde la década de los sesenta la *cultura del consumo*, producto del mestizaje de la cultura burguesa del siglo pasado y la penetración cultural norteamericana.[5]

Pedro Peix

Hay que confesar que mucho de lo que se ha logrado en las décadas del sesenta y setenta en el mismo rescate de nuestro pasado histórico –la reconstrucción y revalorización de los monumentos coloniales españoles, por ejemplo–, ha sido fruto de lo que algunos denominan «Cultura nacional burguesa», que «ocultando la división clasista de la sociedad y las consecuentes relaciones de explotación»,[6] se interesa por los valores históricos y predica la tesis de la unidad de todos los dominicanos. Aunque se distinga de la «cultura de la dependencia», sus manifestaciones y expresiones no contribuyen decididamente a fortalecer la independencia o la conciencia nacional. La construcción de museos, bibliotecas, Teatro Nacional, Galería de Arte Moderno, etc., son consecuencia lógica de la difusión de la cultura nacional burguesa, en tanto que muchos grupos de investigación fol-

La lucha libre salió de los patios al ring y del ring a la televisión para convertirse, en la década de los ‘70, en el entretenimiento más importante de los dominicanos.

Andrés L. Mateo

clórica, organizaciones gremiales y campesinas y algunos medios de comunicación, tratan de canalizar y servir de apoyo a las expresiones genuinas de la cultura nacional popular.

Si nos dejásemos deslumbrar por el incremento de las publicaciones dominicanas durante los doce años, podríamos vislumbrar un avance en la vida cultural dominicana. El hecho de haberse publicado en 1971, por tomar un ejemplo significativo, unos 84 libros (16 de los cuales eran reediciones),[7] e incrementarse la cifra cada año siguiente, nos da una prueba más de que la *cultura* es un bien de consumo, y la llamada *industria cultural*, una de las más prometedoras en la sociedad dominicana de los años setenta. Lo mismo ha sucedido en el ámbito de las artes gráficas, los medios de comunicación masiva y la música popular.

Los «suplementos culturales» de algunos periódicos –algo que ya había comenzado a principios de siglo y se mantuvo aun en la «Era de Trujillo»– han servido para dar a conocer a toda una generación nueva de escritores (poetas, prosistas, críticos) que –dado el alto costo de las publicaciones en el país–, no habría tenido oportunidad de dar a conocer su obra, a no ser en círculos cerrados de compañeros aficionados. Por las páginas de los suplementos –en especial *Aquí*, de La Noticia, y *Artes y Letras*, del Listín Diario–, han desfilado o simplemente han probado fortuna los futuros valores de la literatura dominicana. De esos suplementos, y de diversos concursos literarios, han surgido nombres como Pedro Peix, Mateo Morrison, Miguel Aníbal Perdomo, Alexis Gómez, Diógenes Valdez, Andrés L. Mateo, Norberto James, Tony Raful y Enriquillo Sánchez. Más adelante se destacarían como escritores: Avelino Stanley, Luis Martín Gómez y Emilia Pereyra.

Alexis Gómez Rosa

El teatro recibió un impulso revitalizador con la formación de grupos jóvenes en clubes culturales barriales, sobre todo en la década de los setenta. El descubrimiento del teatro latinoamericano abrió nuevas posibilidades de expresión al teatro dominicano, que aún seguía aferrado a la metodología del teatro español burgués de principios de siglo, y traída al país por los fundadores del Teatro Escuela en la «Era de Trujillo». Con esa nueva modalidad de hacer teatro, diversos grupos se han lanzado a la tarea de usar el medio como una nueva forma de concientización y de crítica de la realidad, aunque los resultados sean aún escasos y no permitan predecir el futuro de este interesante experimento de comunicación social.

De un modo semejante, la apertura a la realidad sudamericana –algo que estuvo vedado durante la «Era de Trujillo»– puso a la juventud dominicana en contacto con la nueva canción chilena, uruguaya, venezolana, cubana, etc., y pronto surgieron grupos y conjuntos, compositores y letristas, que veían en esa nueva modalidad artística un instrumento apto para la lucha contra los males sociales que generaba el continuismo en el poder. Sin embargo, la *nueva canción* fue un fenómeno efímero que pronto se comercializó sin haber logrado dejar una canción *dominicana* que superara al panfleto social o al lirismo hermético.[8]

La experiencia política de los años que han transcurrido desde la caída de la tiranía de Trujillo ha dejado huella en el comportamiento y en la actitud de los dominicanos con respecto a los cambios sociales y al mismo sistema democrático. La euforia de la gran masa desposeída durante los días de la guerra civil, se tornó en frustración ante el fracaso de la Revolución de Abril, y más tarde en conformismo con el retorno al caudillismo tradicional.

Norberto James

LOS INMIGRANTES

Aún no se ha escrito
la historia de su congoja.
Su viejo dolor unido al nuestro.
No tuvieron tiempo
–de niños–
para asir entre sus dedos
los múltiples colores de las
mariposas.
Atar en la mirada los paisajes del
archipiélago.
Conocer el canto húmedo de los
ríos.

No tuvieron tiempo de decir:
–Esta tierra es nuestra.
Juntaremos colores.
Haremos bandera.
La defenderemos.

Hubo un tiempo
–no lo conocí–
en que la caña
los millones
y la provincia de nombre indígena
de salobre y húmedo apellido
tenían música propia
y desde los más remotos lugares
llegaban los danzantes.

Orlando Inoa, *Diccionario de dominicanismos*. Santo Domingo, Letragráfica, 2015.

Juan Isidro Jimenes Grullón

Aunque algunos grupos, más o menos numerosos, se plantearon una salida al caudillismo en la década de los setenta –así sucedió con la opción militar y la opción revolucionaria–,[9] la gran masa se decepcionaba aún más ante la ineficacia del sistema electoral y la imposibilidad de restablecer el principio de la alternabilidad en la política dominicana. El pesimismo histórico, del que tanto han hablado sociólogos y psicólogos, se manifiesta en el vocabulario reflejo y en la obsesión caudillista, que aflora de nuevo en tiempos de crisis política, tanto en una clase social como en otra. Sin embargo, hay que confesar que la gran masa criolla, a partir de la guerra civil de 1965, ha cobrado conciencia de su papel político, y va abandonando paulatinamente su pasividad providencialista.

El crecimiento desproporcionado de los medios de comunicación masiva, sobre todo después de la instalación del gobierno reformista en 1966, dejó ver enseguida cómo contribuía a cambiar los hábitos de vida de una buena parte de la población dominicana, sobre todo en los estratos medios, y servía de canal de una progresiva penetración cultural que obstaculizaba cualquier cambio de mentalidad política, sobre todo entre la mediana clase media y aun entre los habitantes de los denominados barrios marginados de la capital.[10]

En el orden político, desde el 16 de agosto de 1978 hasta finales de siglo, se han sucedido seis gobiernos. El PRD gobernó dos veces (1978-1982 y 1982-1986), volvió al poder el reformismo (ya con el nombre de Partido Reformista Social Cristiano, PRSC), y se mantuvo durante diez años (1986-1996), renovándose y en muchos casos agudizándose las usuales crisis post-electorales.[11] Por fin, con una extraña y para todos improbable alianza, el reformismo le cerró el paso al candidato del PRD y cana-

Bachatero. Fotografía de Mariano Hernández

lizó la llegada al gobierno por primera vez del Partido de la Liberación Dominicana (PLD), fundado en 1974 por Juan Bosch, al separarse de su partido.[12]

Gracias a la orientación de algunas comunidades eclesiales de base, sobre todo de la Capital, aparecerían en la década de los ochenta algunos mecanismos de participación ciudadana, como el Comité para la Defensa de los Derechos Barriales (COPADEBA).[13] A esa instancia se uniría en 1993 la denominada Participación Ciudadana, surgida y nutrida en otro nivel social, que durante la campaña electoral de 1996 crearía la Red de Observadores Electorales.[14] Con una y otra instancia, un amplio estrato urbano ha mostrado mayor conciencia democrática y ciudadana, como se hizo evidente en las dos vueltas de las elecciones presidenciales de mayo y junio de 1996. Sin embargo, esa participación política no se corresponde con su equivalente en otros estratos.

Con la caída de los regímenes socialistas europeos a partir de la caída simbólica del muro de Berlín el 9 de noviembre de 1989, la orientación de muchos grupos y movimientos culturales o clubes juveniles ha experimentado un rápido giro o sencillamente han ido desapareciendo. La misma despolitización de la juventud universitaria, –baste como muestra el moderado slogan de campaña de algunos grupos combativos

Juan Luis Guerra

de los años setenta–, es muestra suficiente de los cambios sociales ocurridos a partir de finales de la década de los ochenta. La actitud idealista, tan difundida entre la juventud hasta los años setenta, ha dado paso a un marcado énfasis en el utilitarismo y la inmediatez, reflejo evidente de que el posmodernismo no está tan lejos de nosotros como pudiera parecer.

No ha seguido el orden cultural la línea que se perfilaba bien a mediados de la década de los sesenta con el trabajo casi pionero de Frank Moya Pons y Roberto Cassá o la labor semi-iconoclasta de Juan Isidro Jimenes Grullón. Esa labor de desempolvar nuestro pasado y librar de mitos a nuestra Historia, sólo tomó cuerpo en determinado nivel de la sociedad, mientras la educación básica sigue apegada a la noción tradicional y moralizante de la Historia.[15] Los textos oficiales de Estudios Sociales e Historia para uso de la educación Primaria e Intermedia, sometidos a revisión en 1994, no permiten aventurar que la identidad nacional deje de ser algo desconocido para muchos.

La labor desarrollada en poco tiempo por algunos grupos musicales de la década del setenta, una vez que entró en evidente receso la música de denuncia o protesta, ha evolucionado paulatinamente a un contenido más poético e incluso erótico, pero ha dejado huella en el gusto de buena parte de la población de las clases medias, el indudable arraigo popular e incluso internacional de la primera etapa del grupo 4-40 ha servido para que muchos dominicanos descubrieran y gustaran su propia música al oírla en un tono distinto al estilo comercializado o politizado del merengue entre los años treinta y cincuenta, por poner sólo un ejemplo.[16]

No deja de ser curioso que muchas personas, aun profesionales de las Humanidades, se adicionaron en la década de los ochenta a la denominada «canción de amargue», –un fenómeno similar en época de la tiranía fue la ranchera mexicana–, aunque esa afición sólo obedezca al reflejo de la «podredumbre social y la crisis de valores» que sirven de único tema a ese subgénero musical sin valor artístico o redentor alguno.[17]

Símbolo vudú

Además de nuevos canales de televisión a partir de 1979 y la ampliación de su horario de programación, se instala en agosto de 1982 la televisión por cable, extendida ya hasta algunas localidades fronterizas, y prácticamente domina-

Gagá dominicano

Disco compacto producido por el Museo del Hombre Dominicano. En *Guloya's Coming* (2003) se pueden conocer en las voces de los descendientes cocolos los ritmos traídos hace más de un siglo.

da por canales norteamericanos. De esa manera, se ha ampliado y consolidado la penetración cultural de que tanto se hablaba en la década de los setenta. Su efecto evidente e inmediato, como advierten los sociólogos, ha sido la nivelación social y cultural de un segmento de nuestra población, que se asemeja en sus hábitos de consumo a sus correspondientes de la sociedad norteamericana.[18]

Pero el fenómeno no se detiene ahí. A pesar de las deficiencias en el servicio eléctrico en la zona urbana, los que pertenecen a un segmento social inferior participan de un modo u otro de las ventajas del segmento superior, y gozan a su modo de la televisión por cable, que ocupa ahora el puesto que había dejado casi vacío el popular «cine de barrio» o cine «de la parte alta».

Si a esto se añade la proliferación de teléfonos celulares, aun en manos de una clase o segmento social que hasta la década de los setenta no disponía de esa facilidad en su casa, y el acceso relativamente fácil al uso de una computadora, –más aún cuando la educación pública las ha introducido ya en varios de sus centros–, es posible que podamos predecir o al menos aventurar cómo será la cultura dominicana del nuevo milenio.

La cultura del nuevo milenio definirá mejor las diferencias que existen entre las dos zonas históricas (rural y urbana), pero unificará e incluso difuminará cada vez más los elementos que servían de frontera entre una clase social y la inmediatamente superior o inferior.

Por una parte, permanecerá a su modo, la cultura histórica, es decir, la que hemos tratado

Indocumentados
Genaro Reyes (Cayuco). Primer Premio escultura. XVIII Concurso de Arte Eduardo León Jimenes, 2000.

de definir hasta aquí, que tiene sus raíces en el pasado y es fruto de la evolución de la sociedad dominicana. Pero, a un tiempo, subsistirá una nueva expresión cultural, propia de la vida urbana que se definirá en el nuevo siglo. Pero esa nueva expresión no será indicio de una cultura nueva, sino sólo un nuevo modelo de relación social, sin duda importado (la consabida moda de «imitación») y probablemente a corto plazo.

En ese caso, frente a la permanencia de una cultura histórica que hunde sus raíces en el siglo XV y sirve aún de vehículo de expresión del modo de ser dominicano, se podría hablar con cierta propiedad de una cultura circunstancial o acomodaticia. Y con mayor razón cuando el fenómeno de la globalización acentuará cada vez más la necesidad de integrarnos a la marcha productiva del resto de los países del área.

Aunque sea mucho aventurar, es posible que en el nuevo siglo, la cultura dominicana tenga que reiniciar un proceso de formación, que no estará marcado, como en los cuatro siglos anteriores, por la transculturación o integración de nuevos grupos étnicos. Es posible que la marca de la cultura dominicana del nuevo siglo sea ante todo la búsqueda de otras formas de expresión o comunicación de ese modo de ser dominicano, que será preciso redescubrir. Sólo de este modo se mantendrá viva la esencia de toda cultura, y se escapará de ser un producto de consumo o algo que sólo surge como producto residual del conflicto.

Notas

Desde la colonia hasta el surgimiento de la nacionalidad (1495-1844)

1. Aunque el nombre de Quisqueya es el más común en nuestros libros de Historia, es preferible denominar a la isla con el nombre de Haití al referirse a la época del descubrimiento, porque posiblemente «Quisqueya» fuese el nombre que los taínos daban a Sudamérica, y no precisamente a su isla. Véase al respecto Emilio Tejera, *Indigenismos*, (Santo Domingo, 1977), tomo II, 1150.
2. Aunque algunos historiadores aseguran que el cacicato era hereditario por la línea materna únicamente, otros afirman que ésto solamente ocurría en caso de que el cacique muriera sin hijos varones. Cfr. P. F. X. de Charlevoix, *Historia de la Isla Española o de Santo Domingo* (Santo Domingo, 1977), tomo I, 40.
3. Fr. Ramón Pané, *Relación acerca de las antigüedades de los indios* (México, 1974), 21.
4. *Ibid.*, 43 ss.
5. Acerca de las enfermedades de los taínos, véase la obra de Arístides Estrada Torres, *Evidencias patológicas en algunas obras taínas* (Azua, 1978).
6. Rodolfo Puiggros, *La España que conquistó el Nuevo Mundo* (Buenos Aires, 1965), 84.
7. *Ibid.*, 109 ss.
8. *Ibid.*, 91.
9. *Ibid.*, 100. Nótese que el 0.10% restante correspondió a los canarios que, en su mayoría, se ocupaban en los trabajos técnicos de la industria del azúcar, establecida en las islas Canarias.
10. J. H. Eliot, *Imperial Spain* (New York, 1963), 32. Citado por F. Moya Pons, *La Española en el siglo XVI* (Santiago, 1973), 189, nota 42.
11. Ciriaco Landolfi, *Introducción al estudio de la historia de la cultura dominicana* (Santo Domingo, 1977), 128.
12. F. Moya Pons, *Historia Colonial de Santo Domingo* (Santiago, 1976), 286-287.
13. F. Moya Pons, *La Española en el siglo XVI*, p. 65-66.

14. Cfr. Albert Meimi, *Retrato del colonizado* (Buenos Aires, 1969), 109-111.
15. José A. Saco, *Historia de la esclavitud* (Buenos Aires, 1965), 164.
16. D.I.I. XXXVI, 369-371, AGI *Patronato*: est. 2, caja 1, leg. 1/20. Véase la transcripción del documento en F. Moya Pons, *La Española...*, 285-286.
17. Cfr. Carlos Larrazábal Blanco, *Los negros y la esclavitud en Santo Domingo* (Santo Domingo, 1975), 43-46.
18. Por Cédula Real de 6 de junio de 1556, se dispuso que si los negros procedían de las islas de Santo Tomé o Guinea deberían pagarse en La Española, Cuba y San Juan a 100 ducados por cabeza, a 120 ducados si procedían de Cabo Verde. Cfr. Carlos Larrazábal Blanco, *op. cit*, 74.
19. Fradique Lizardo, *Cultura africana en Santo Domingo* (Santo Domingo, 1979), p. 34-35. Véase también la clasificación de Carlos Larrazábal Blanco, *op. cit.*, 75.
20. Cfr. M. Herskovitz, *The Myths of the Negro Past* (New York, 1941), y G. Aguirre Beltran, *La población negra en México* (México, 1940), ambos citados por C. Larrazábal Blanco, *op. cit.*, 86-87.
21. Citado por C. Larrazábal Blanco, *op. cit.*, 91-92.
22. Cfr. Roger Bastida, *Les religions africaines au Bresil* (Paris, 1960), p. 51-73. Citado por J. Cela, «Sincretismo afro-americano», *Estudios Sociales*, año VI, núm. 3 (Julio-septiembre 1973), 160.
23. Ciriaco Landolfi, *op. cit.*, 245.
24. F. Moya Pons, *Historia Colonial de Santo Domingo*, 344.
25. Ciriaco Landolfi, *op. cit.*, 303.
26. Casimiro N. de Moya, *Bosquejo histórico del descubrimiento y conquista de la isla de Santo Domingo* (Santo Domingo, 1976), tomo II, 40, Franklyn Franco, *Los negros, los mulatos y la nación dominicana*, IV edición (Santo Domingo, 1976), 98.
27. Ciriaco Landolfi, *op. cit*, 311-312. Acerca del controversial tema de la dominación haitiana, véase F. Moya Pons, *La dominación haitiana* (Santiago, 1971); Jean Price-Mars, *La República de Haití y la República Dominicana* (Madrid, 1958); J. Isidro Jimenes Grullón, «¿Hubo dominación haitiana?», *Suplemento Aquí* (9 septiembre 1973), 11; (16 septiembre 1973), 7.
28. Como prueba de la influencia francesa en Santo Domingo, se ha citado con frecuencia la permanencia del derecho penal y procesal, así como el procedimiento judicial dominicanos. Sin embargo, hay que reconocer que eso no es exclusivo de nuestro país y que, por mucho tiempo, Francia fue modelo para la legislación de toda la América.
29. Cfr. Holger R. Escoto, *Historia de la arquitectura dominicana* (Santo Domingo, 1978), 27-55; Marcio Veloz Maggiolo, *Arqueología prehistórica de Santo Domingo* (New York, 1972); Joaquín Priego, *Cultura taína.*, 3ra. edición (Santo Domingo, 1977); Roberto Cassá, *Los Taínos de La Española* (Santo Domingo, 1974).
30. E. de Boyrie Moya, *Monumentos megalíticos y petroglifos de Chacuey* (Ciudad Trujillo, 1955); F. Morban Laucer, *Pintura rupestre y petroglifos en Santo Domingo* (Santo Domingo, 1970).

31. Valentina Peguero y Danilo de los Santos, *Visión general de la historia dominicana* (Santiago, 1977), 82.
32. Cfr. Carlos E. Deive, «Glosario de afronegrismos en la toponimia y español hablado de Santo Domingo», *Boletín del Museo del Hombre Dominicano*, n. 5 (Octubre 1974), 18.
33. Acerca de este interesante tema, véase el estudio de Rolando A. Alum, «El parentesco ritual en un batey dominicano», *EME EME*, n. 26 (septiembre-octubre 1976), 11-36. También, Luciano Castillo, «Parentesco ritual en la República Dominicana: poder económico, político y función social», *Bloque*, n. 2 (1974), 81-98; A. Corten y otros, *Azúcar y Política* (Santo Domingo, 1976).
34. Cfr. Erwin W. Palm, *Arquitectura y arte colonial en Santo Domingo* (Santo Domingo, 1974), 51-56. Véase también, María Ugarte, *Monumentos Coloniales* (Santo Domingo, 1978).
35. Acerca de la labor educativa y evangelizadora de las órdenes religiosas en Santo Domingo, véase Flérida de Nolasco, *Días de la Colonia* (Santo Domingo, 1974); Cipriano de Utrera, *Universidades de Santiago de la Paz y de Santo Tomás de Aquino y Seminario Conciliar de la Ciudad de Santo Domingo* (Santo Domingo, 1932); P. Henríquez Ureña, *La cultura y las letras coloniales en Santo Domingo* (México, 1960); José Luis Sáez, *Testigos de la esperanza: Historia de la vida religiosa en Santo Domingo* (Santo Domingo, 1979). Acerca del papel ideológico de la universidad, véase el trabajo de Juan I. Jimenes Grullón, «Nuestra universidad ayer y hoy», *Suplemento Aquí* (28 octubre 1973), 12-13.
36. Cfr. J. Balaguer, *Historia de la literatura dominicana* (Ciudad Trujillo, 1956), 63-89.
37. Cfr. Emilio Rodríguez Demorizi, *Poesía popular dominicana* (Santiago, 1973).
38. Cfr. E. Rodríguez Demorizi, *La imprenta y los primeros periódicos de Santo Domingo*, 3ra. edición (Santo Domingo, 1973).

Desde la independencia política a las tiranías (1844-1930)

1. Juan Bosch, *Composición social dominicana* (Santo Domingo, 1970), 184.
2. Ciriaco Landolfi, *op. cit.*, 315.
3. *Ibid.*, 319. En cuanto a la influencia del Romanticismo en la génesis del movimiento duartista, véase: Vetilio Alfau Durán, «La Trinitaria y sus nueve miembros fundadores», *Boletín del Instituto Duartiano*, n. 6 (1970), 339 ss.; Alcides García Lluberes, *Duarte y otros temas* (Santo Domingo, 1971); E. Rodríguez Demorizi, *En torno a Duarte* (Santo Domingo, 1976); Carlos Federico Pérez, «Bajo el signo del Romanticismo», *Suplemento Aquí* (10 marzo 1974), 3-15.
4. Ciriaco Landolfi, *op. cit.*, 321.

5. Acerca de la importancia de la industria del tabaco en la evolución política del liberalismo, véase: Antonio Lluberes, «La economía del tabaco en el Cibao en la segunda mitad del siglo XIX», *EME EME*, Vol. I, n. 4 (1973), 35-60; del mismo autor, véase «Las rutas del tabaco dominicano», *EME EME*, vol. IV, n. 21 (1975), 3-22; Femando Ferrán, *Tabaco y Sociedad* (Santiago, 1976).
6. Valentina Peguero y Danilo de los Santos, *op. cit.*, 221-223. Acerca de debatido tema del Caudillismo en la política dominicana, véase: G. Lanz, «El caudillismo dominicano a mediados del siglo XIX», *EME EME*, vol. II, n. 9 (1973), 15-42; Miguel Ángel Monclús, *El Caudillismo en la República Dominicana* (Santo Domingo, 1962).
7. Valentina Peguero, *op. cit.*, 255-257.
8. Cfr. Armando Cordero, *La Filosofía en Santo Domingo*, 2da. edición (Santo Domingo, 1978).
9. Valentina Peguero, *op. cit.*, 273. Véanse también: Camila Henríquez Ureña, *Las ideas pedagógicas de Hostos* (Santo Domingo, 1974); Luis M. Oraá, «E! hombre completo según Eugenio M. Hostos», *Estudios Sociales*, año X, n. 40 (Octubre-diciembre 1977), 193 ss:, Emilio Rodríguez Demorizi, *Hostos en Santo Domingo*, Vol. I (Ciudad Trujillo, 1939), Vol. II (Ciudad Trujillo, 1942); *La influencia de Hostos en la cultura dominicana* (Ciudad Trujillo: Editora del Caribe, 1956).
10. Cfr. Juan Bosch, *Hostos el sembrador* (Puerto Rico, 1976), 161 ss.
11. Cfr. Armando Cordero, *op. cit.*, 102.
12. Valentina Peguero, *op. cit.*, 274.
13. Carlos E. Deive, «Diez años de cultura dominicana», *Artes y Letras*, año I, n. 2 (2 febrero 1974), 2; Manuel A. Amiama, *El periodismo en la República Dominicana* (Ciudad Trujillo, 1936); Luis F. Mejía; *De Lilis a Trujillo* (Santo Domingo, 1976), 261 262.
14. Cfr. Marcos A. Martínez, *Publicaciones periódicas dominicanas desde la colonia*, 2da. ed. (San Pedro de Macorís: U.CE., 1984), 105-140; Manuel A. Amiama, *El periodismo en la República Dominicana* (Santo Domingo, 1933), 44-49.
15. Cfr. M. A. Martínez, *op. cit*, 106-132.
16. E. Rodríguez Demorizi, *Poesía popular dominicana* (Santiago, 1973), 255-290; J. Balaguer, *op. cit.*, 311-312; del mismo autor véase la introducción y notas a los dos volúmenes de Juan A. Alix, *Décimas* (Santo Domingo, 1961).
17. Jeannette Miller, «Se produce fenómeno de la correspondencia tardía en evolución de las artes en República Dominicana», *El Caribe* (27 septiembre 1975), 5; y sobre todo su obra, *Historia de la pintura dominicana* (Santo Domingo, 1979); Darío Suro, *Arte dominicano* (Santo Domingo, 1969), 20-22; Manuel Valdeperes, *El arte de nuestro tiempo* (Ciudad Trujillo, 1954); Emilio Rodríguez Demorizi, *Pintura y escultura en Santo Domingo* (Santo Domingo, 1972).

18. Cfr. Arístides Incháustegui, «Apuntes para la historia del himno nacional dominicano», *EME EME*, n. 17 (marzo-abril 1975).
19. Carlos E. Deive, *op. cit.*, 2.
20. *Ibid.* 2.
21. F. E. Moscoso Puello, *Cartas a Evelina* (Santo Domingo, 1974), 85-87.
22. José R. López, «La alimentación y las razas», en *Revista dominicana de cultura*, N° 1 (Noviembre 1955), 75-112.
23. Cfr. J. L. Sáez, *Historia de un sueño importado* (Santo Domingo: Siboney, 1982), 49-60; «Don Francisco Palau: notas para una biografía apresurada», *Isla Abierta. Suplemento de Hoy* (Santo Domingo, 31 de agosto 1985), 14-15.
24. Sobre el trabajo pionero de Sturla, que supo desempeñar roles con la misma agilidad y maestría, véase J. L. Sáez, *op. cit.*, 61-65.
25. F. E. Moscoso Puello, *op. cit.*, 96.
26. *Ibid.*, 97.
27. Valentina Peguero, *op. cit.*, 327.
28. *Ibid.*, 327.
29. *Ibid.*, 337.

La «Era de Trujillo» y su secuencia

1. Jacinto Gimbernard, *Trujillo* (Santo Domingo, 1976), 201.
2. Juan Bosch, *Trujillo: Causas de una tiranía sin ejemplo*, 3ra. edición (Santo Domingo, 1962), 138.
3. Carta de Américo Lugo al Presidente Vásquez, citada por Franklyn Franco, *Problemas dominico-haitianos y del Caribe* (México, 1973), 86-87.
4. Cfr. J. Balaguer, «El principio de alternabilidad en la historia dominicana», en *La palabra encadenada* (Santo Domingo, 1975), 147-174.
5. Ibid., p. 161. Véase también J. Sanz Camarena, «Algunas consideraciones sobre la ideología trujillista», en *Ahora*, n. 593 (Marzo 24, 1975), 11-16.
6. Baste como ejemplo, la carta de Américo Lugo al Generalísimo Trujillo (13 de febrero 1936), rechazando el contrato firmado con el gobierno dominicano para escribir la *Historia de Santo Domingo*, cuya parte contemporánea nunca escribió Además, véase J. Agustín Concepción, *Trujillo no siempre obligó* (Santo Domingo, 1975).
7. Carlos E. Deive, *op. cit.*, 2.
8. *Ibid.*, p. 2. Acerca del hispanismo exótico y del anti-haitianismo, véase el trabajo de Manuel A. Peña Batlle, «Sentido de una política», en *Política de Trujillo*, (Ciudad Trujillo, 1954); J. Balaguer, *El Pensamiento vivo de Trujillo* (Ciudad Trujillo, 1955), 269.
9. M. Veloz Maggiolo, *Sobre cultura dominicana y otras culturas* (Santo Domingo, 1977), 159.

10. Acerca del papel legitimador de la Iglesia durante la Era de Trujillo, véase José L. Alemán, «Religión y sociedad dominicana en los años sesenta», *Estudios Sociales*, año VII, n. 3, julio-septiembre 1974), 123-124.
11. José R. Cordero Michel, *Informe sobre la República Dominicana 1959*, Tercera edición (Santo Domingo, 1970), 93. Acerca de La educación universitaria en la Era de Trujillo, véase Jesús de Galíndez, *La Era de Trujillo* (Santiago de Chile, 1956), 322-324.
12. R. L. Trujillo, «Cartilla cívica para el pueblo dominicano», en J. Balaguer, *El pensamiento vivo de Trujillo* (Ciudad Trujillo, 1955), 273-281.
13. José Pérez Sánchez, «La prensa durante los primeros años de la Era de Trujillo», *EME EME*, vol. II, n. 7 (Julio-agosto 1973), 130. Acera de la prensa en general, véase también Germán E. Ornes, *Trujillo: Little Caesar oí the Caribbean* (New York, 1958).
14. Luis Alberti, *De música y orquestas bailables dominicanas 1910-1959* (Santo Domingo, 1975), 74-75.
15. Cfr. Howard Wiarda, *Dictatorship and Development* (Gainesville, 1968); Juan Bosch, *op. cit,* 139.
16. José Alcántara Almánzar, *Antología de la literatura dominicana* (Santo Domingo, 1972), 44.
17. Cfr. A. Baeza Flores, *La poesía dominicana en el siglo XX* (Santiago, 1976), 398-399; José Alcántara, *op. cit.*, 48; J. Balaguer, *Historia de la literatura dominicana*, 262.
18. José Alcántara, *op. cit.*, 43-50.
19. *Ibid.*, 50-54; Manuel Rueda y Lupo Hernández Rueda, *Antología panorámica de la poesía dominicana contemporánea* (Santiago, 1972), tomo I, 475.
20. Cfr. E. Anderson Imbert, *Historia de la literatura hispanoamericana* (México, 1954), tomo II, 177-178; J. Alcántara, *op. cit.*, 54-55.
21. J. Alcántara, *op. cit.*, 64-65.
22. J. Balaguer, *Historia de la literatura*, 320-321.
23. Cfr. Jeannette Miller, *Historia de la pintura dominicana* (Santo Domingo, 1979), 28.
24. Carlos E. Deive, *op. cit.*, 2.
25. Juan Bosch, *Crisis de la democracia de América en la República Dominicana*, 2da. edición (México, 1965), 215.

Desde la guerra de Abril a nuestros días

1. C. Esteban Deive, *op. cit.*, p. 3.
2. Acerca de los clubes culturales y su papel en la sociedad dominicana, véase el trabajo de Antonio Lockward, «Notas sobre los clubes barriales», en *Aquí* (La Noticia), año I, n. 13 (7 octubre 1973), p. 14-15; Dagoberto Tejeda, «Los clubes y la cultura popular», *Ibid.*, p. 2; Gilberto

de la Rosa, «Realidad y perspectivas de los clubes», *Aquí*, año II, n. 211 (9 octubre 1977), p. 2-5.

3. Sobre las escuelas históricas actuales, véase: Carlos Esteban Deive, *op. cit.*, p. 4.

4. Como ejemplo de trabajo de investigación de esos grupos, véase la obra de Iván Domínguez y otros, *Almanaque Folclórico Dominicano* (Santo Domingo, 1978); F. Lizardo, *Danzas y bailes folclóricos dominicanos* (Santo Domingo, 1975); J. Lemus y R. Marty, *Iniciación al estudio de la religiosidad popular* (Santo Domingo, 1974).

5. Entre los estudios de las modalidades culturales actuales, merecen citarse los siguientes: Narciso González, «Tendencias culturales en República Dominicana», *Aquí* (La Noticia), año V, n. 218 (4 diciembre 1977), p. 2-4; Gilberto de la Rosa, *op. cit.*

6. Narcizo González, *op. cit.*, p. 2.

7. Julio D. Postigo, «Libros dominicanos en 1971», *Listín Diario* (27 enero 1972), p. 7.

8. Acerca de la «nueva canción» en la República Dominicana, véase: Viviam M. Mota, «Facundo Cabral, un experimento y Expresión Joven», en *Aquí* (La Noticia), año I, núm. 8 (2 septiembre 1973) p. 4-5; Dagoberto Tejeda, «Música, clases y alienación», en *Música Popular: Festivales* (Santo Domingo: Cepae, 1971), 6-10,13-15,19-29.

9. Sobre el tema de las opciones políticas en los años setenta, véase la obra de Eduardo Latorre, *Política dominicana contemporánea* (Santo Domingo, 1975), p. 349-359.

10. A ese respecto, véanse las investigaciones hechas sobre el impacto de los medios de comunicación masiva, en particular las siguientes: Centro de investigación UNPHU, *Informe final del estudio sobre valore su actitudes de los jefes de familia respecto al mejoramiento de los niveles de vida en la República Dominicana* (Santo Domingo, 1971); Gregorio Lanz, «Diferencias y cambios de valores y actitudes de los habitantes de la zona rural de Jánico», *Estudios Sociales*, vol. VII, núm. 4 (Octubre-diciembre 1975), p. 239-267.

11. Sobre las crisis electorales se han publicado dos interesantes estudios: Juan B. Díaz S. *El trauma electoral* (Santo Domingo, 1996), y Mons. Agripino Núñez Collado, *Testigo de una crisis diez años después* (Santo Domingo, 1996).

12. A propósito de la desleal propaganda de campaña en contra del Dr. Peña Gómez se sacó a relucir de nuevo el odioso tema del prejuicio racial latente aún desde que fue remozado por la tiranía de Trujillo. Al respecto véase: «Quién introdujo el tema racial en la campaña electoral?», *El Nacional* (11 mayo 1996), 23; Porfirio Dantes-Castillo, «Antepasados de los candidatos (IV)», *El Siglo* (3 abril 1996), 7, cois. 1-2; Marcio Veloz Maggiolo, «Los antropólogos dominicanos y el racismo», *El Nacional* (28 julio 1996), 4; y las entrevistas de Frank Núñez a Renato Rímoli y

Diógenes Céspedes en *El Siglo* (31 julio 1996), 8/D; (3 agosto 1996), 8/D. Sobre el tema racial en el pasado político dominicano véase. M. Veloz Maggiolo, «La acusación de negrofilia: Un recurso temprano de la política racista dominicana», *Listín Diario* (31 octubre 1993), 4.

13. Cfr. Nicolás Guevara, «Comité para la Defensa de los Derechos barriales: Participación y Democracia», *Estudios Sociales* CC1V: 83 (1991), 83-90; Marcos Villamán, «Organizaciones populares y construcción de la Democracia», *Ibid.* XX: 69 (1987), 5-20; Vanna lanni, «Escenarios y actor popular. Un estudio de coyuntura», *Ibid.*, 21-46.

14. Sobre el sentido y alcance de la institución, que en enero de 1996 alcanzaba a los 108 municipios del país, véase *Boletín de la Red* n° 6 (Noviembre-diciembre 1995), 4-5; José L. Alemán, «Capital humano y proyecciones estadísticas», *Listín Diario* (23 mayo 1996), 6; José R. Sosa, «La red fue la ganadora», *El Nacional* (26 mayo 1996), 10.

15. A propósito de la celebración del V Centenario del descubrimiento de las Américas, se agudizó la diferencia de enfoques en torno a un único hecho. Mientras el sector «oficial» acentuaba el tema del Hispanismo y la hazaña conquistadora, un grupo de estudiosos y artistas reconstruía en un viaje simbólico la ruta de Hatuey desde Santo Domingo a Baracoa (Cuba). Cfr. Silvano Lora, *Construcción de una Canoa Monoxílica en Santo Domingo* (Santo Domingo, 1992).

16. Recuérdese que fue en la primera campaña política de Trujillo, buen conocedor de la idiosincrasia de buena parte de la población, cuando se utilizó el merengue como «reclamo» electoral. Durante la tiranía la música nacional debía obligatoriamente de oscilar entre el erotismo y la alabanza política.

17. Sobre el tema, véase: Luis Ulloa, «¡Y dale con la canción de amargue!», *El Nacional* (Santo Domingo, 31 julio 1983), 5/A; Rolando Haza, «El Añoñaíto: La cultura de la indigencia (Crónica de un aristócrata dolido)», *Ibid.*, 4/A. Como si se tratase del trasplante de una forma de expresión a otra, Alberto Bass agrupó en 1992 una colección de sus obras «neorrealistas» bajo el título de «Historia y Bachata».

18. Sobre el tema véase: Joseph D. Straubhaar, «Efectos de la televisión por cable en la República Dominicana», *Estudios Sociales* XXI: 72 (1988), 3-15.

Apéndice

Breve cronología de la cultura dominicana

Siglos IV-XIV

En sucesivas emigraciones de la actual América del Sur de grupos arauacos (igneris, taínos y ciguayo-macorixes) se conforma la población y la cultura de la isla de Haití, que en el siglo XV fue descubierta por exploradores al servicio de la corona de Castilla.

Siglo XV

1492 Descubrimiento de la Isla de Haití por los expedicionarios españoles. Construcción del Fuerte de La Navidad.

1494 Los conquistadores se establecen en el noroeste de la Isla, y fundan la ciudad de La Isabela. Se inicia el proceso de transculturación, y la urbanización de la vida en la colonia española.

1496 Llegan los primeros frailes franciscanos, procedentes de Bélgica. Se intensifica la explotación de las minas de oro, y se establece la ciudad de Nueva Isabela en la costa sur de la Isla. Se inician los repartimientos de indios.

1498 Llegan a la Isla los primeros esclavos negros procedentes de España, y nacidos de amos cristianos.

Siglo XVI

1501 Se reglamenta el comercio de esclavos, de cualquier procedencia, en las posesiones españolas del Nuevo Mundo. Con el fin de utilizar la mano de obra indígena al máximo, se desplaza a los indios de sus poblaciones, y se les reduce a las ciudades de castellanos. Se intensifica al mismo tiempo la evangelización de los indígenas. Los franciscanos establecen la primera escuela en la Isla.

1502 Llega a la colonia el gobernador Frey Nicolás de Ovando. Comienza la construcción de la ciudad de Santo Domingo en la margen occidental del río Ozama, bajo la dirección de arquitectos sevillanos.

1503 Se crea la Casa de Contratación de Sevilla para regular el comercio de las Indias con la Metrópoli.

1508 La reducción progresiva de la población indígena, hace que la economía del oro entre en crisis. Se importan indios de otras islas del Caribe. Se inicia el contrabando de cueros en las ciudades de la banda norte.

1509 El rey Fernando V ordena que se despoje de sus esclavos a los colonos que se hubiesen casado con indias.

1511 Se crea el Tribunal o Real Audiencia en la ciudad de Santo Domingo. Fray Antonio Montesinos, en su sermón de Adviento, ataca las injusticias de los colonos españoles.

1513 Después de largas polémicas, se promulgan las llamadas Leyes de Burgos, que regularían las prácticas ya en uso en La Española.

1515 A causa de la escasez de mano de obra indígena, emigran más de 800 españoles que se dedicaban a la minería. Se intensifica, por otra parte, el cultivo de la caña de azúcar, que había comenzado alrededor de 1506 en pequeña escala.

1518 Los frailes dominicos establecen un Estudio General en su Convento de la ciudad de Santo Domingo. Llega el primer cargamento de esclavos gelofes traídos directamente desde África. Se inicia una nueva etapa del proceso de transculturación.

1519 Levantamiento del cacique Guarocuya (Enriquillo) en el Bahoruco. Su táctica de guerra de guerrillas duraría catorce años.

1522 Primer levantamiento de esclavos gelofes en los trapiches de Diego Colón, en Nizao. Se inician las obras de la Catedral de Santo Domingo.

1527 Se prohíben los matrimonios interraciales, y la Corona dispone que, de cada partida de esclavos importados, un tercio sea de hembras.

1530 Se crea el Colegio de la ciudad de Santo Domingo, que pasaría a ser Universidad Real de Gorjón en 1558, y en 1603 alojaría al Seminario Conciliar.

1538 El Estudio General de los dominicos es elevado a la categoría de Universidad Pontificia. En 1558, recibiría también la aprobación real.

1542 Se prohíbe la entrada a la colonia de «negros ladinos», acusándolos de promover insurrecciones.

1556 Se reporta la existencia en Montecristi de la Cofradía del Nombre de Dios, de la cual forman parte –quizás por vez primera– morenos.

1586 Ataque del pirata inglés Francis Drake a Santo Domingo. El asedio a la ciudad duró un mes.

1592 Un grupo de negros recibe autorización para edificar la Capilla de la Cofradía de Nuestra Señora de los Remedios del Carmen y Jesús Nazareno, en la ciudad de Santo Domingo. A los pocos años, se establece en la Catedral la Cofradía del Patriarca San José, integrada por morenos, grifos y negros libertos; y la de San Juan Bautista, formada por morenos criollos.

Siglo XVII

1605 Por orden del Rey, el gobernador Osorio destruye las ciudades de la costa noroeste de la Isla, en donde se había intensificado el contrabando de cueros. Los habitantes de esas zonas son desplazados a Monte Plata y Bayaguana.

1630 Para mejorar la defensa de la plaza contra los piratas, la dotación militar de Santo Domingo recibe un refuerzo de 300 soldados portugueses, que luego se dedicarán a la ganadería.

1640 Comienzan a establecerse los aventureros franceses en los territorios abandonados del Oeste de la Isla.

1649 Llegan a Santo Domingo los primeros jesuitas.

1666 Una epidemia de viruelas hace estragos en la población negra de Santo Domingo.

1678 Firma de la Paz de Nimega (Holanda) entre España y Francia. Se establece la frontera entre las dos colonias en la Isla de Santo Domingo. Con un grupo de negros fugitivos de la colonia francesa, se funda el poblado de San Lorenzo de los negros mina.

1681 Llegan a Santo Domingo las primeras familias canarias para repoblar las ciudades fronterizas. Sucesivas emigraciones se realizaron en 1687, 1690 y 1691.

1697 Firma del Tratado de Ryswick (Holanda) entre Francia y la Liga de Augsburgo. Se ratifican los límites de las dos colonias. Crece el comercio clandestino de ganado.

Siglo XVIII

1747 Fernando VI erige dos universidades en Santo Domingo: la de los dominicos y la de los jesuitas.

1767 España expulsa de todos sus territorios a los jesuitas. Se cierra la Universidad de Santiago de la Paz y el Seminario Conciliar.

1777 Después de los acuerdos provisionales de 1773 y 1776, el Tratado de Aranjuez determina los límites entre las dos colonias que se disputan la Isla.

1795 En virtud del Tratado de Basilea, España cede a Francia la parte oriental de la Isla. Comienza la emigración masiva de familias blancas a Venezuela, Cuba y Puerto Rico.

1797 Se autoriza a los pardos a ejercer la medicina.

Siglo XIX

1801 Con la entrada de las tropas de Occidente, queda abolida la esclavitud en Santo Domingo. Se extingue la Universidad de Santo Domingo. Surge el carabiné, como una modalidad de la calenda y la mangulina.

1802 Con la instalación del gobierno francés, se restablece la esclavitud en Santo Domingo.

1804 Dessalines proclama la independencia de Haití.

1807 Circula el primer periódico: el *Boletín de Santo Domingo*, órgano del gobierno francés.

1809 Con la ayuda de Inglaterra, Santo Domingo pasa de nuevo a manos de España. Se inicia el período de la «España boba». La vida económica y social de la colonia languidece.

1814 Se restablece la Universidad de Santo Tomás bajo el rectorado de Núñez de Cáceres.

1821 El Lic. Núñez de Cáceres encabeza una facción que proclama la constitución del Estado de Haití Español bajo la bandera de la Gran Colombia. Aparecen los dos primeros periódicos dominicanos: *El Telégrafo Constitucional* y *El Duende.*

1822 Con el apoyo de los habitantes de la frontera, las tropas de Boyer invaden el Este, y se inicia el período de la dominación haitiana. Queda abolida la esclavitud. Se instalan en el país las primeras logias masónicas. Cierra sus puertas la Universidad de Santo Tomás.

1824 Llegan los primeros grupos de negros norteamericanos.

1835 Se establece la primera iglesia Metodista Weslayana en Puerto Plata.

1838 Se inicia el movimiento clandestino pro separación de Haití entre la juventud de la pequeña burguesía.

1844 La parte del Este se declara independiente de Haití con el nombre de República Dominicana. Se inicia la guerra de independencia, que concluirá en 1857. Se compone el primer Himno Nacional con ritmo de mangulina.

1848 Segunda fundación del Seminario Conciliar. Juan B. Alfonseca compone y ejecuta los primeros merengues.

1860 (13 de octubre). En el antiguo templo de los jesuitas (actual Panteón Nacional), se inaugura el amplio Teatro «La Republicana», propiedad de la Sociedad Amantes de las Letras, fundada en 1854. El teatro, luego en manos del Ayuntamiento, se mantuvo abierto hasta 1917.

1861 La República Dominicana pierde su soberanía y es anexada a España. Las autoridades españolas de ocupación prohíben el Voudou, la Bamboula y otros bailes de origen negro, por los supuestos desórdenes que originan.

1863-65 Guerra de Restauración. Se inicia la Segunda República.

1868 Tres mil cubanos emigran a causa de la guerra de independencia de Cuba, y restablecen en gran escala en Santo Domingo la industria del azúcar. Durante los años que siguen llegan nuevos grupos de inmigrantes de Puerto Rico y diferentes lugares de Europa, para dedicarse al comercio.

1876 Llegan los primeros «cocolos» para trabajar en los ingenios azucareros del Este. Aumenta la inmigración de mano de obra haitiana. La clase alta repudia el merengue, y lucha por su erradicación de los salones de baile. Con la instalación del primer ingenio de vapor, recibe mayor impulso la industria del azúcar.

1880 Inicia sus labores la Escuela Normal del Maestro Eugenio María de Hostos.

1882 Aparece en Santo Domingo *El Telegrama*, primer diario propiamente dicho, que apenas duró cuatro meses (agosto-diciembre), dirigido por César Nicolás Penson. Le seguirá dos años después el *Boletín del Comercio* (Santo Domingo), órgano de la Cámara de Comercio, Industria y Agricultura, redactado por Francisco X. Amiama Gómez.

1883 (17 agosto). Se toca por primera vez en un acto público el Himno Nacional, compuesto por el músico José Reyes y el poeta Emilio Prud'Homme.

1887 (16 de agosto). Entra en funcionamiento el Ferrocarril Central Dominicano, que cubre el trayecto La Vega-Sánchez.

1889 Aparece en la Capital el *Listín Diario Marítimo* (1ro. agosto), dirigido por Arturo Pellerano Alfau, que se editaría sin interrupción hasta el 15 de junio de 1942 e iniciaría su 2da. etapa el 1ro. de agosto de 1963.

1896 (5 de enero). Se inaugura el alumbrado eléctrico en la Capital, que cubre solamente los bombillos de los faroles del Parque Colón. La planta, ubicada en El Timbeque, junto al río Ozama, costó $24,000 y era propiedad del Municipio.

Siglo XX

1900 El cinematógrafo de los hermanos Lumiére se exhibe por vez primera en Puerto Plata, y después de recorrer Santiago y La Vega, llega a Santo Domingo.

1903 Sale a la luz en la Capital la revista *La Cuna de América* (27 febrero), fundada y dirigida por José Ricardo Roques. Fue la primera revista gráfica y se editó sin interrupción hasta 1924.

1906 Se gradúa el primer médico negro dominicano (Heriberto Pieter), descendiente de esclavos, ante las protestas del Rector del Instituto Profesional, fundado en 1866.

1908 Se abre en la Capital el Teatro Apolo, que se utilizaría en buena parte para exhibir películas, y desaparecería en 1915.
Aparece la revista gráfica *Blanco y Negro* (20 septiembre), dirigida por Francisco J. Palau y Juan S. Durán. En esa primera etapa se editará hasta 1913.

1910 En La Vega se inaugura el Teatro La Progresista, y en San Pedro de Macorís el Teatro Colón. Unos meses después se instala en la Capital el Cine Landolfi, que se convertirá en el Teatro Colón.

1912 (15 de agosto). Se inaugura la planta eléctrica de San Pedro de Macorís. En los dos años siguientes entrarían en funcionamiento las de Puerto Plata y Santiago.

1914 El Instituto Profesional se convierte en Universidad.

1916 Intervención armada de los Estados Unidos.

1917 (6 de mayo). Se inaugura el primer puente sobre el río Ozama para el desarrollo de la Capital y sus dos márgenes. El puente levadizo, que se denominó Puente Ozama, cambiaría luego su nombre por el de Puente Ulises Heureaux, y estuvo abierto hasta 1956.

1918 Se escriben los primeros merengues en un pentagrama, con el nombre de «Danzas criollas».

1920 Se exhibe en dos teatros de la Capital un documental sobre la visita del patriota puertorriqueño José de Diego al país. Es la primera película filmada en Santo Domingo.

1922 (6 de mayo). Se inaugura la carretera Duarte de 291 kms., que une Santo Domingo y Santiago. El camarógrafo español Rafael Colorado filma en la Capital los actos de la coronación solemne de Nuestra Señora de la Altagracia.

1923 Con pocos meses de diferencia, el «empresario» Juan B. Alfonseca y el camarógrafo Francisco Palau realizan dos películas: «Leyenda de Nuestra Señora de Altagracia» y «Las emboscadas de Cupido», que se exhiben en varias ciudades del país.

1924 Desocupación de las tropas estadounidenses. Se inicia la Tercera República. Entra en funcionamiento en la Capital la emisora HIH, la primera estación de radio del país. En los cuatro años siguientes (1926-1928) se unen HIZ y H1X, ambas en la Capital.

1927 En el Teatro Independencia de la Capital, inaugurado en 1913, se exhibe por vez primera el cine sonoro. La primera cinta sonora, la filmará en el país en 1930, la empresa Pathé Sound News.

1930 Derrocamiento del gobierno de Horacio Vásquez. Sube al poder sin oposición el General Trujillo. Se inician los treinta y un años de la «Era de Trujillo».

1931 Eliminados los partidos políticos, se crea el Partido Dominicano.
(23 julio). Se establece en la capital la Academia Dominicana de la Historia, presidida por Federico Henríquez y Carvajal.

1932 Se instala en Santiago la Universidad Popular y Libre del Cibao, de existencia efímera.

1936 Se cambia el nombre de la Capital por el de Ciudad Trujillo.

1939 Llegan refugiados de la guerra civil española y judíos alemanes, austríacos y húngaros, acogiéndose a la llamada «Doctrina Trujillo». Muchos españoles pasan a engrosar el profesorado de la Universidad de Santo Domingo, restablecida en 1914.

1941 (7 agosto). Se crea la Orquesta Sinfónica Nacional, dirigida por el español Enrique Casal Chapí. Al año siguiente se abre el Conservatorio Nacional de Música, bajo la dirección del alemán Edvard Fendler.

1942 Con la orientación de profesionales y artistas españoles, se fundan la Escuela Nacional de Bellas Artes, la Escuela de Peritos Contadores, el Instituto Escuela, y la Escuela Diplomática.
Con la participación de sólo diez artistas (nueve pintores y un dibujante), se celebra en la Capital la Primera Bienal de Artes Plásticas.

1947 Se inaugura la Ciudad Universitaria.

1952 La televisión hace su entrada en el país, aunque su alcance se reduzca a la Capital. Seis años después se extenderá al Norte y Noroeste, y en 1959 se abre un nuevo canal.

1955 Llegan al país agricultores españoles para establecerse, sobre todo, en la región fronteriza. Les antecedieron en la misma zona los agricultores japoneses. Se inaugura la Feria de La Paz y Confraternidad del Mundo Libre.

1956 (15 mayo). Se inaugura en la capital el Palacio y Auditorio de Bellas Artes, una construcción al estilo de un templo griego.

1961 En una emboscada, y como parte de un frustrado golpe de estado, muere Trujillo. A los seis meses, cae la tiranía.
Se restituye el nombre de Santo Domingo a la Capital. Comienzan a llegar los exiliados y los líderes políticos de oposición. Se disuelve el Partido Dominicano.

1962 Se establece el Consejo de Estado. Se concede la autonomía a la Universidad de Santo Domingo. Por iniciativa del Obispo de Santiago, se crea la Universidad Católica Madre y Maestra (15 noviembre), primera institución superior privada del siglo XX.

1963 Caída del régimen constitucional de Juan Bosch. Se instala un Triunvirato que gobernará hasta el inicio de la guerra civil (abril 24,1965).

1965 Después de cinco meses de lucha y la intervención militar de la OEA, se instala el gobierno provisional de Héctor García Godoy. Crece el movimiento juvenil.

1966 Elecciones supervisadas por la OEA. Instalación del gobierno reformista, que se mantendrá en el poder por dos períodos consecutivos más. Se intensifican los movimientos de oposición. Surge el movimiento de la «nueva canción».

1969 Funciona en Santiago el primer canal de TV en color, que se trasladará a la Capital en 1973. Pocos años después, los tres canales restantes transmitirían en color.

1971 Con un grupo de ex-profesores de la UASD, se funda en la Capital la Universidad Nacional Pedro Henríquez Ureña.
Crece la represión a los partidos de oposición, y se incrementa el terrorismo con la aparición de la organización parapolicial «La Banda».

1972 Se crea en la Capital el Instituto Tecnológico de Santo Domingo. Se inicia la restauración y consolidación de los monumentos coloniales en la Capital.

1973 Desembarco guerrillero de Playa Caracoles. Asesinato del periodista Gregorio García Castro en Santo Domingo. Construcción del Teatro Nacional y del complejo denominado «Plaza de la Cultura». (16 agosto). Se inaugura en la Capital el Teatro Nacional, una construcción que recuerda al Lincoln Center (New York). Veinte años después, se construirá uno semejante en Santiago de los Caballeros.

1974 (20 diciembre). En Santo Domingo se funda la Academia de Ciencias de la República Dominicana. Se crea la Sociedad Dominicana de Bibliófilos, presidida por Enrique A. Henríquez.

1975 (1° octubre). En un enfrentamiento con las tropas regulares, muere el guerrillero Manfredo Casado. Era parte de un reducido grupo guerrillero que había desembarcado el 6 de junio. El resto son apresados el día 9 cerca de San Cristóbal.
(1° noviembre). Aparece el primer número de *Encuentro*, órgano de comunicación de las comunidades cristianas de los barrios del sureste de la Capital.

1978 (16 agosto). Después de un difícil período postelectoral, se juramenta como presidente Antonio Guzmán, candidato de oposición, que se suicidará en 1982, antes de entregar el mando a su sucesor del mismo partido.

1979 (16 noviembre). Como dependencia de la Secretaría de Educación, se inaugura en Santo Domingo la Cinemateca Nacional, bajo la dirección de Agliberto Meléndez. Cesan sus operaciones en 1984.

1980 (22-24 agosto). En el Teatro Nacional se presenta la primera Antología de la Música Popular Dominicana.

1981 Se inaugura el Museo Arqueológico Regional de Altos de Chavón (La Romana). El cortometraje experimental «Lumiantena», de Martín López y Máximo Rodríguez, obtiene el premio de la XV Bienal Nacional de Artes Plásticas. Es la primera vez que el cine es admitido en ese evento.

1982 Se establece en la Capital la primera empresa de televisión por cable. En los diez años siguientes, se establecerán empresas semejantes en varias ciudades del interior.

(21 octubre). La Cámara de Diputados otorga el título de Poeta Nacional a Pedro Mir.

1983 (26 enero). Se funda el Instituto Dominicano de Genealogía, Inc.

(8-11 junio). Con el patrocinio del Museo de Historia y Geografía, se celebra el Primer Congreso Dominicano de Historia.

1983 (diciembre). Aparece el primer número de la revista *Cuadernos de Poética,* dirigida por Diógenes Céspedes.

1984 (23-26 abril). En protesta por las medidas económicas del gobierno, en varios barrios de la Capital surge un movimiento, reprimido por militares, que arrojó 5,000 detenidos y probablemente más de cien muertos.

1986 Con una breve biografía del P. Rafael García Tejada, Mons. Rafael Bello Peguero inicia la edición de la serie «Hombres de Iglesia».

1987 (25 febrero). Se crea la enciclopedia infantil mensual *Tobogán.*

1988 Se estrena «Un pasaje de ida», primer largometraje producido en el país, obra de Agliberto Meléndez, galardonada en 12 festivales internacionales.

1989 (25-29 septiembre). Se celebra en la Capital el I Congreso sobre la emigración española hacia el área del Caribe desde finales del siglo XIX.

1992 (1° enero). Se inician los actos oficiales del año del V Centenario del descubrimiento y evangelización de América.

(12 julio). Con una canoa monoxílica, construida en Sánchez, se recrea la ruta de Hatuey desde Santo Domingo a Baracoa (Cuba).

(14-17 septiembre). En el Museo de Historia y Geografía se celebra el primer Congreso Dominicano de Historia Colonial.

(9 octubre). Traslado de los restos de Colón desde la Catedral de Santo Domingo al Faro a Colón. (12-28 octubre). Con la presencia del papa Juan Pablo II, se reúne en Santo Domingo la IV Conferencia General del Episcopado Latinoamericano (CELAM).

1993 (22 febrero). La Secretaría de Educación y la Fundación Corripio otorgan el Premio Nacional de Literatura al poeta nacional Pedro Mir. (Marzo). Aparece la revista *Ecos,* órgano del Instituto de Historia de la UASD (Santo Domingo). (22-25 julio). En Santo Domingo se celebra el Congreso Crítico de Literatura Dominicana. (31 octubre). Se crea el movimiento apartidista Participación Ciudadana, que obtendrá su personería jurídica en 1996, y crea entonces la «Red de Observadores Electorales».

(1-4 noviembre). En la Universidad de Puerto Rico, los poetas puertorriqueños rinden homenaje al dominicano Pedro Mir.

1994 Aparece en la Capital la revista semanal *Rumbo*, dirigida por Aníbal de Castro. (27 enero). El escritor y poeta Manuel Rueda gana el Premio Nacional de Literatura. (3 junio). Fallece en la Capital la poetisa Aída Cartagena Portalatín, nacida en Moca en 1918.

1995 (13 junio). El Banco de Reservas de la República Dominicana crea la Colección Banreservas. (9 octubre). En la Maison de L'Ecrivain (París), se pone en circulación la traducción francesa del poema de Pedro Mir «Hay un país en el mundo». (23-25 noviembre). El Ayuntamiento del Distrito Nacional patrocina el I Congreso sobre la Fundación de la ciudad.

Estreno de «Nueva Yol», primera comedia dominicana en largometraje, realizada por el actor Ángel Muñiz. Dos años después, estrenará la secuencia «Nueva Yol III».

1996 (15-26 octubre). El Ayuntamiento del Distrito Nacional patrocina el Primer Foro sobre la ciudad de Santo Domingo en la Literatura.

El documentalista Pericles Mejía estrena la comedia en largometraje «Cuatro hombres y un ataúd», filmada totalmente en el país.

1997 (14 febrero). Mediante el decreto 82/97 el presidente Leonel Fernández crea el Consejo Presidencial de Cultura como paso previo a la Secretaría de Estado de Cultura.

(9 marzo). Se inaugura el Museo Arqueológico e Histórico de Azua, en honor del Dr. Arístides Estrada Torres.

(30-31 mayo). El Ayuntamiento del Distrito Nacional patrocina un seminario sobre «Los problemas raciales en la República Dominicana y el Caribe».

1998 (16 mayo). Por primera vez se celebran elecciones congresionales y municipales, separadas de la elección presidencial.

(28 mayo). El Poder Ejecutivo promulga la nueva Ley de Telecomunicaciones (N° 153-98), que deroga la del 1° de febrero de 1966.

1999 (4 enero). En Burgos (España), fallece el pintor y muralista José Vela Zanetti.

(9 de febrero). Nace Editora Cole, luego denominada Letragráfica.

(2 abril). Fallece en la ciudad Capital a los 99 años, el compositor Julio Alberto Hernández.

(13 abril). En New York (USA), muere el escultor Antonio Prats-Ventós.

(14 mayo). Fallece en la Capital el poeta Manuel del Cabral, Premio Nacional de Literatura, nacido en Santiago en 1907.

Bibliografía

Alberti M., Luis F. *De música y orquestas bailables dominicanas. 1910-1959* (Santo Domingo: Taller, 1975).

Alberti Bosch, Narciso. *Apuntes para la prehistoria de Quisqueya* (La Vega, 1912).

Andrade, Manuel José de. *Folklore de la República Dominicana* (C. Trujillo: Universidad de Santo Domingo, 1948); ed. fascimil (Santo Domingo: Sociedad Dominicana de Bibliófilos, 1976).

Andújar, Carlos. *Identidad cultural y religiosidad popular* (Santo Domingo: Editora Cole, 1999).

Balaguer, Joaquín. *La Isla al revés. Haití y el destino dominicano* 2a ed. (Santo Domingo: Librería Dominicana, 1984).

Bonnelly de Díaz, Aída. *Breve Historia de la Música Dominicana* (Santo Domingo: Banco de Reservas, 1981).

Bosch, Juan. *Composición Social Dominicana. Historia e interpretación*, 17a ed. (Santo Domingo: Alfa y Omega, 1991).

Cassá, Roberto. *Los indios de las Antillas* (Madrid: Mapire, 1992).

—— *Historia Social y Económica de la República Dominicana*, 2 vols. 11a ed. (Santo Domingo: Alfa y Omega, 1992).

—— y Genaro Rodríguez. «Algunos procesos formativos de la identidad nacional dominicana», *Estudios Sociales* XXV: 98 (1992), 67-98.

Contreras, Brunilda. *Cultura netamente campesina* (Santo Domingo, 1979).

Deive, Carlos Esteban. *Diccionario de Dominicanismos* (Santo Domingo, 1975).

—— *La esclavitud del negro en Santo Domingo*, 2 vols. (Santo Domingo: Museo del Hombre, 1980).

—— «Notas sobre Cultura Dominicana», *Boletín Museo del Hombre Dominicano* VIII: 12 (1977), 293-306.

—— *Vudú y Magia en Santo Domingo* (Santo Domingo, 1975).

De los Santos, Danilo. «Referencias sobre la identidad nacional y cultural de los dominicanos», *EME EME* VIII: 47 (Marzo-abril 1980), 3-16.

Fernández Rocha, Carlos. «El refranero negro dominicano», *EME EME* III: 18 (Mayo-junio 1975), 53-62.

Franco, Franklyn. *Historia del Pueblo Dominicano*, 2 vols. (Santo Domingo: Fundación Cultural Dominicana, 1992).

—— *Los negros, los mulatos y la nación dominicana*, 4a ed. (Santo Domingo: Editora Nacional, 1976).

García Arévalo, Manuel A. *El arte taíno de la República Dominicana* (Santo Domingo: Museo del Hombre Dominicano 1977).

—— *Indigenismo, Arqueología e Identidad Nacional* (Santo Domingo, 1988).

Garrido de Boggs, Edna. *Folklore infantil de Santo Domingo* (Madrid: Cultura Hispánica, 1955); 2a ed. (Santo Domingo: Sociedad Dominicana de Bibliófilos, 1980).

Garrido Fuello, E. O. *Narraciones y tradiciones sureñas* (C. Trujillo: Librería Dominicana, 1960).

Gil Díaz, Oscar. *Apuntes para la historia. La naturaleza histórica de la sociedad dominicana* (Santo Domingo, 1969).

Henríquez Ureña, Pedro. *Historia de la cultura en la América Hispánica*, 2ª ed. (México, 1949).

—— *La cultura y las letras coloniales en Santo Domingo* (Buenos Aires, 1936).

Hernández, Julio A. *Música tradicional dominicana* (Santo Domingo, 1969).

Herrera, Ruth. «Herencia Cocola», *Listín Diario* (8 diciembre 1996), 5/C.

Hoepelman, Virgilio. *Historia cultural y política de Santo Domingo* I (Santo Domingo, 1976).

Hoetink, Harry. *El Pueblo Dominicano 1850-1900. Apuntes para su sociología histórica* (Santiago: UCMM, 1971).

—— *Santo Domingo y el Caribe.* Ensayos sobre Cultura y Sociedad (Santo Domingo: Fundación Cultural Dominicana, 1994)

Incháustegui, Arístides. *Acercamiento al Himno Nacional Dominicano. Sinopsis Didáctica* (Santo Domingo, 1996).

Incháustegui Cabral, Héctor et all, «Un siglo de cultura dominicana. Tabla cronológica (1844-1944)», *EME EME* IX: 52 (Enero-febrero 1981), 85-116.

Jimenes S. Maximiliano Arturo. *Más datos sobre el español de la República Dominicana* (Santo Domingo, 1975).

Jiménez, Ramón Emilio. *Al amor del bohío. Tradiciones y costumbres dominicanas* I (Santo Domingo, 1927); II (Santo Domingo, 1929); I-II (Santo Domingo: Sociedad Dominicana de Bibliófilos, 1975)

Jorge Morel, E. *Estudio Lingüístico de Santo Domingo: Aportación a la geografía lingüística del Caribe e Hispanoamérica* (Santo Domingo, 1974).

Labourt, José. *Sana sana, culito de rana* (Santo Domingo, 1978).

Landolfi, Ciriaco, *Introducción al estudio de la historia de la cultura dominicana* (Santo Domingo, 1977).

Lebrón Saviñón, Mariano. *Historia de la Cultura Dominicana* 3 vols. 2a ed. (Santo Domingo: Taller, 1994).

Lemus, Francisco y R. Marty. *Iniciación al estudio de la religiosidad popular* (Santo Domingo: CIAS, 1974).

Lizardo, Fradique. *Cultura africana en Santo Domingo* (Santo Domingo, 1979).

—— «La identidad dominicana. Características, definición y análisis», *Ultima Hora* (20 marzo 1993), 16-17.

Mateo, Andrés L. *Mito y Cultura en la Era de Trujillo* (Santo Domingo, 1993).

Matos Moquete, Manuel. «La cultura de la lengua en la conformación de nuestra nación», *Estudios Sociales* XXII: 75 (1989), 107-117.

Moya Pons, Frank. *Breve historia contemporánea de la República Dominicana* (México: Fondo de Cultura Económica, 1999).

—— *La Dominación Haitiana. 1822-1844.* 2a ed. (Santiago: UCMM, 1977).

—— *La Española en el siglo XVI. 1403-1520.* 2a ed. (Santiago: UCMM, 1973).

—— *Manual de Historia Dominicana* (Santiago: UCMM, 1977).

—— et alii. *Arte Taíno*, 3a ed. (Santo Domingo: Banco Central de la República Dominicana, 1999).

Nolasco, Flérida de. *La música en Santo Domingo y otros ensayos* (C. Trujillo, 1939).

—— *La poesía folklórica en Santo Domingo* (Santiago, 1939).

—— *Santo Domingo en el folklore universal* (C. Trujillo, 1957).

Ogando, Julio. *Historia de la arquitectura en República Dominicana* (Santo Domingo, 1974).

Olivier, Consuelo. *De nuestro lenguaje y costumbres* 2a ed. (Santo Domingo, 1971).

Oviedo, José. «Cultura y Nación: La búsqueda de la Identidad», *Ultima Hora* (Santo Domingo, 11 agosto 1984), 8; (18 agosto 1984), 8; (25 agosto 1984), 8; (4 septiembre 1984), 9; *Ciencia y Sociedad* X: l (1985), 33-44.

Pagan Perdomo, Dato. *Sir Robert H. Schomburgk: Notas críticas a su obra etnológica en Santo Domingo* (Santo Domingo, 1985).

Paniagua, Alejandro. *Los Dominicanos* (Santo Domingo, 1971).

Patín Maceo, Manuel A. Dominicanismos 2» ed. (C. Trujillo, 1947);

—— *Obras Lexicográficas* (Santo Domingo: Sociedad Dominicana de Bibliófilos, 1989).

Peguero Guzmán, Luis A. «Los euroaborígenes y otras especies en la formación de la cultura dominicana», Suplemento Cultural. *El Caribe* LII: 16.561 (1° mayo 1999), 15.

Penson, César Nicolás. *Cosas Añejas* (Santo Domingo, 1971).

—— *Costumbres antiguas y modernas de Santo Domingo* (Santo Domingo, 1978).

Pérez Cabral, P. A. *La comunidad mulata: El caso sociopolítico de la República Dominicana* (Caracas, 1967).

Pérez Guerra, Irene. *Historia y Lengua. La presencia canaria en Santo Domingo. El caso de Sabana de la Mar* (Santo Domingo: Patronato de la Ciudad Colonial, 1999).

Pérez Montás, Eugenio. *La Ciudad del Ozama. 500 años de historia urbana* (Santo Domingo: Patronato de la Ciudad Colonial, 1999).

Rodríguez Demorizi, Emilio (ed.). *Fábulas Dominicanas* (C Trujillo, 1946).

—— *Lengua y Folklore en Santo Domingo* (Santiago: UCMM, 1975).

—— *Música y Baile en Santo Domingo* (Santo Domingo, 1971).

—— *Refranero Dominicano* (Roma, 1950).

Rueda, Manuel. *Adivinanzas Dominicanas* (Santo Domingo: UNPHU, 1970).

—— *Imágenes del dominicano* (Santo Domingo: Banco Central de la República Dominicana, 1998).

Thompson, P. R. *El Amanecer del Evangelio en América* (Santo Domingo, 1992).

Troncoso Sánchez, Pedro. *Evolución de la idea nacional.* Serie Conferencias N° 2 (Santo Domingo: Museo del Hombre Dominicano, 1974).

Vargas, Lorenzo. «Análisis de la persona a la luz de la sabiduría de los refranes populares», *Estudios Sociales* VI: 4 (Octubre-diciembre 1973), 185-205.

Vega, Bernardo. *Los cacicazgos de la Hispaniola* (Santo Domingo, 1980).

—— et alii. *Ensayos sobre Cultura Dominicana* (Santo Domingo: Museo del Hombre Dominicano, 1981).

Veloz Maggiolo, Marcio. «Arqueología, Historia e Identidad», *Clío* LXVI; 158 (Enero-junio 1998), 34-51.

—— *La Isla de Santo Domingo antes de Colón* (Santo Domingo: Banco Central de la República Dominicana, 1993).

—— *Sobre cultura dominicana y otras culturas* (Santo Domingo: Museo del Hombre Dominicano, 1977).

—— et alii. *La Cultura Taína. Seminario sobre la situación de la investigación de la cultura taína* (Madrid, 1983).

Zaglul, Jesús M. «Para seguir releyendo, haciendo y recontando la identidad cultural y nacional dominicana: Pistas e interrogantes», *Estudios Sociales* XXV: 89-90 (Julio-diciembre 1992), 133-156.

—— «Una identificación nacional defensiva: el antihaitianismo nacionalista de Joaquín Balaguer», *Estudios Sociales* XXV: 87 (1992), 29-65.

Contenido

Desde la colonia hasta el surgimiento de la nacionalidad (1495-1844) 7

Desde la independencia política a las tiranías (1844-1930) 31

La «Era de Trujillo» y su secuencia 49

Desde la guerra de Abril a nuestros días 66

Notas 78

Apéndice. Breve cronología de la cultura dominicana 86

Bibliografía 94

José Luis Sáez, sj. Nació en Valencia, España, en el 1937. Inició su vida religiosa en Cuba, país que abandonó al triunfar la Revolución cubana. Desde 1966 es ciudadano dominicano por naturalización. Estudió en Fordham University, New York, donde obtuvo el título de Licenciado en Artes en 1965. Luego, en el Woodstock College, Woodstock, Maryland, obtuvo en 1970 y 1972 los títulos de Licenciado en Divinidad y Maestro de Teología Sagrada, siendo ordenado en la República Dominicana sacerdote de la Orden Jesuita en 1970. Ha sido profesor en el Departamento de Comunicación Social de la Universidad Autónoma de Santo Domingo y en el Centro de Estudios Institucionales de Teología de la Orden Dominica.

Es miembro honorario del Instituto Dominicano de Genealogía y miembro de número de la Academia Dominicana de la Historia.

Historiador colonial, ha investigado el Archivo de la Arquidiócesis de Santo Domingo, Archivo General de las Indias (Sevilla, España), Archivum Romanum Societatis lesu (Roma) y Archivo Secreto Vaticano (Roma, Italia); entre otros. Sus títulos incluyen siete obras en el área de la Comunicación Social, unos diez y seis títulos de Historia de la Iglesia Dominicana y más de sesenta ensayos históricos en revistas especializadas nacionales y extranjeras. Desde el 2003 es director encargado del Archivo Histórico de la Arquidiócesis de Santo Domingo.

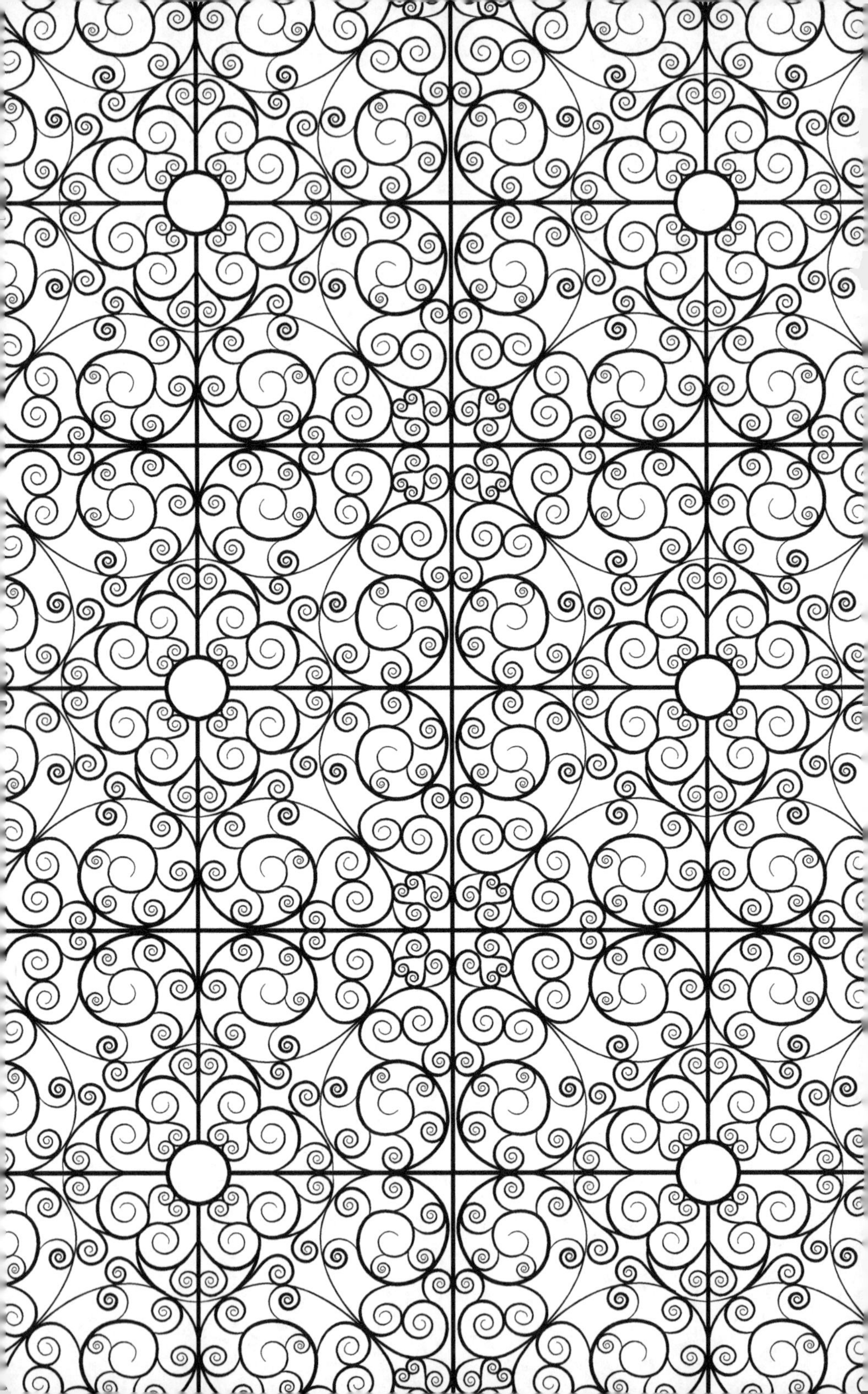

www.ingramcontent.com/pod-product-compliance
Lightning Source LLC
LaVergne TN
LVHW050603160826
845677LV00011B/2440